本书得到内蒙古"草原英才"工程资助

U0671377

全面开放

内蒙古调整转型关键期的战略选择

朱晓俊 邢智仓 王宇洁 等◎著

QUANMIAN KAIFANG

NEIMENGGU TIAOZHENG ZHUANXING

GUANJIANQI DE ZHANLUE XUANZE

经济管理出版社

ECONOMY & MANAGEMENT PUBLISHING HOUSE

图书在版编目（CIP）数据

全面开放：内蒙古调整转型关键期的战略选择/朱晓俊等著 . —北京：经济管理出版社，2022. 7

ISBN 978-7-5096-8614-0

Ⅰ.①全…　Ⅱ.①朱…　Ⅲ.①区域经济—经济转型期—研究—内蒙古　Ⅳ.①F127. 26

中国版本图书馆 CIP 数据核字（2022）第 129723 号

组稿编辑：张莉琼
责任编辑：赵亚荣
责任印制：张馨予
责任校对：陈　颖

出版发行：经济管理出版社
　　　　　（北京市海淀区北蜂窝 8 号中雅大厦 A 座 11 层　100038）
网　　址：www. E-mp. com. cn
电　　话：（010）51915602
印　　刷：唐山玺诚印务有限公司
经　　销：新华书店
开　　本：720mm×1000mm/16
印　　张：10. 75
字　　数：149 千字
版　　次：2022 年 9 月第 1 版　　2022 年 9 月第 1 次印刷
书　　号：ISBN 978-7-5096-8614-0
定　　价：68. 00 元

前　言

　　党的十九大把习近平新时代中国特色社会主义思想写入党章，标志着自党的十八大以来习近平总书记提出的一系列新思想、新战略、新理念已经形成一个较为成熟的体系。其中，习近平开放发展理念成为这一体系的重要组成部分，既有整体性的战略目标，又有具体的行动方案，体现了全面性与层次性相结合、开放性与前瞻性相统一的特点，为深刻认识和积极应对开放合作所面临的各种现实问题提供了系统的理论指导和行动指南。同时，开放发展的历史和实践经验也表明，开放发展有力地促进了我国经济的转型，助推了发展质量的提高。当前和未来一段时间，是内蒙古全面转型发展的关键时期，既要激发内生动力加快转型，也要释放开放动能，通过全面开放促进全面转型。

目　录

第一章　我国开放发展掀开新篇章

第一节　时代特征：开放型经济进入新阶段

"放眼世界，我们面对的是百年未有之大变局。"习近平总书记的话语意蕴深远。纵观全球大势，我们处在一个大有可为的历史机遇期，但也同样处在一个错综复杂的动荡调整期。从国际范围来看，世界经济增速放缓，保护主义、单边主义抬头，经济全球化遭遇波折，多边主义和自由贸易体制受到冲击，风险挑战加剧。从国内来看，中国经济从高速增长阶段转向高质量发展阶段，对改革开放提出了更高要求。站在历史前进的十字路口，面对复杂的国际经济形势，改革开放只能前进，不能停滞。只有进一步解放思想，全面深化改革开放，形成改革开放新格局、新态势、新高地、新体系，才能在不确定中赢得确定，在大国博弈中赢得主动，在发展中克服困难、解决问题，实现中华民族的伟大复兴。

一、经贸结构方式发生新变化，外贸经济呈现新特征

改革开放之初，我国的对外开放主要体现为以下几个特点：第一个特点是出口导向，发挥人口红利和资源价格较低的优势，进出口总额从 1979 年的 200 亿美元增长到目前的 4 万多亿美元。第二个特点是重在引进外资，40 多年来累计引进了 2 万多亿美元的外资，外资不仅带来了资本，也带来了市场、技术和管理。第三个特点是沿海地区先行开放。第四个特点是开放是以适应国际规则为前提，利用国际规则倒逼营商环境的改善。

进入新时代，我国经济发展进入"新常态"，内外环境发生了显著变化，人口、资源、土地等要素的比较优势逐步下降。在一系列新的政策方针的指导下，我国经贸结构和方式呈现出新的特征：

在贸易导向上既鼓励出口，也鼓励进口。过去五年，出口贸易平均每年增长 5%~6%，相比之前 15%~20% 的增速有了明显下降，但进口平均增长率达到 12% 左右，顺差呈现缩小的趋势。这一方面有利于减少与世界各国的贸易摩擦，另一方面可以更好地满足国内老百姓日益丰富的需要。

支持鼓励外商投资的同时，鼓励"走出去"投资。自党的十八大以后，我国越来越呈现国际化的双向投资格局。过去五年，我国引进投资 6500 多亿美元，而"走出去"投资达到 7200 亿美元，引进外资 700 多亿美元。

从以沿海地区开放为主，转变为沿海沿边内陆协同开放、整体开放。党的十八大以来，随着"一带一路"倡议以及长江经济带、京津冀协同发展等加快推进，中西部地区内陆开放高地建设日益加快，全方位开放格局日益显现。特别是国家相继在中西部布局 10 个国家级新区，新设 28 个综合保税区，落地 18 个自由贸易试验区，建成 100 多个国家级口岸，形成了东西南北中全方位开放的新格局。

从以关贸总协定和世界贸易组织（WTO）框架下的货物贸易为主，转变为

自由贸易协定（FTA）框架下货物贸易和服务贸易共同发展。在双边和多边自由贸易协定框架下，近年来，我国服务贸易呈现快速增长态势。2010~2015年，服务贸易进出口总额从3624亿美元增加到7130亿美元，年均增长14.5%，为同期世界服务贸易进出口平均增速的2倍。到2019年，服务贸易进出口总额达到54152.9亿元。

二、不断扩大对外开放广度，形成全方位改革开放新态势

40多年的改革开放使中国经济深度融入世界经济，成为国际经济分工和全球价值链的重要组成部分，在全球经济体系中的重要性日益提升，近年来已成为全球经济增长的重要引擎。习近平总书记在庆祝改革开放40周年大会上的讲话中指出："开放带来进步，封闭必然落后。中国的发展离不开世界，世界的繁荣也需要中国。"从中国对外开放的历程来看，开放范围一直呈逐步扩大之势，持续利用新的开放增长点释放和分享对外开放的红利。这些开放成果的取得将进一步形成中国对外开放的新态势。

（一）在国内设立自由贸易试验区

陆续在国内设立上海、天津、广东等多个自由贸易试验区，对标高标准的国际贸易和投资规则，先行先试、大胆探索，率先形成国际化、法治化、便利化的营商环境，成为推进改革和提高开放型经济水平的"试验田"，以此探索中国对外开放的新路径和新模式，构建与各国合作发展的新平台，培育中国面向全球的竞争新优势。

（二）建设海南自由贸易港

2018年4月，习近平总书记在庆祝海南建省办经济特区30周年大会上郑重宣布，"党中央决定支持海南全岛建设自由贸易试验区，支持海南逐步探索、稳步推进中国特色自由贸易港建设，分步骤、分阶段建立自由贸易港政策和制度体系"。自由贸易港是当今世界最高水平的开放形态，此举充分彰显了我国坚持扩大对外开放的决心和信心。

（三）优化改革开放的总体布局

启动京津冀协同发展、长江经济带发展、粤港澳大湾区建设等重大战略，推动北京城市副中心建设。在东部沿海地区实施更高水平的对外开放的同时，把开放前沿向内陆城市延伸，形成新的改革开放前沿和阵地。同时，支持中西部条件较好地区加快发展，鼓励国家级新区、自由贸易试验区、国家级开发区等各类平台大胆创新，在推动区域高质量发展方面发挥引领作用。

（四）提出建设"一带一路"的合作倡议

积极发展与沿线国家的经济合作伙伴关系，共同打造政治互信、经济融合、文化包容的利益共同体、命运共同体和责任共同体。以"一带一路"建设为重点，形成陆海内外联动、东西双向互济的开放格局。"一带一路"倡议提出以来的实践充分证明，其大幅提升了我国贸易投资自由化便利化水平，为世界经济发展注入了新动能，有效促进了生产要素的有序流动、资源的高效配置、市场的深度融合，受到了国内外广泛认可。

（五）进一步扩大开放领域

2018 年 11 月，习近平在首届中国国际进口博览会开幕式上的主旨演讲中指出，"中国正在稳步扩大金融业开放，持续推进服务业开放，深化农业、采矿业、制造业开放，加快电信、教育、医疗、文化等领域开放进程，特别是外国投资者关注、国内市场缺口较大的教育、医疗等领域也将放宽外资股比限制"。党的十九大报告指出，"创新对外投资方式，促进国际产能合作，形成面向全球的贸易、投融资、生产、服务网络，加快培育国际经济合作和竞争新优势"。

上述扩大对外开放举措，使我国形成了全方位、多层次、宽领域的全面开放新格局，为我国创造了良好的国际环境，开拓了广阔发展空间，进一步解放和发展了社会生产力，增强了经济活力和创新动能，为我国经济新旧动能转换和供给侧结构性改革提供了有力的支撑，也成为抵御全球经济波动和冲击的重要举措。

三、进一步拓展对外开放深度，打造对外开放新高地

全球经济和中国经济都出现了新形势，为适应这种变化和调整，改革开放也需要向纵深推进。

（一）以对外开放促进经济高质量发展

中国特色社会主义进入新时代，我国社会主要矛盾已经转化为人民日益增长的美好生活需要和不平衡不充分的发展之间的矛盾，由经济高速增长阶段转向了高质量发展阶段，新旧动能转换、产业结构升级刻不容缓。在国际竞争加剧、科技创新需求极度迫切的新形势下，中国对外开放也需要向更深层次发展。尤其是在全球化4.0时代，第四次工业革命成为全球经济转型升级的有效动力，技术博弈更加激烈，这对改革开放提出了更高的要求。在积极主动融入全球科技创新网络、深度参与全球科技治理的同时，需要引资引技引智并举，为日新月异的科技创新提供支持，以此满足经济高质量发展的需要，形成支撑经济高质量发展的对外开放体系。

（二）以对外开放适应经济"新常态"

随着我国经济进入"新常态"，对外开放及国际经济往来的优势要素发生变化，低价的人力和资源要素等不再具备国际竞争优势。伴随着高水平"引进来"、大规模"走出去"，国际收支双顺差格局也在向收支基本平衡方向发展。这些变化都对开放发展提出了新的要求和挑战，需要通过开放加紧培育新的比较优势，形成新的竞争优势，继续发挥对经济的支撑作用。

（三）积极参与全球经济治理

改革开放40多年来，我国深度融入世界经济体系之中，经济高速发展，经济总量迅速增长，成为世界经济增长的重要引擎。经济地位的提升客观上需要积极参与全球治理，发挥相应的功能和作用，承担大国责任，我国在此方面也展现了积极的姿态和作为。近年来通过二十国集团、亚太经合组织、金砖国家峰会、

上海合作组织、中非合作论坛等积极参与全球经济治理，成立了亚洲基础设施投资银行、金砖国家开发银行、丝路基金，提出了共建"一带一路"倡议，积极推动全球经济治理创新，为完善全球治理体系变革提供了新思路新方案。

（四）对外开放法律法规体系更加健全

为更好地促进对外开放，我国相继出台了系列法律法规，如整合了"外资三法"，形成了《中华人民共和国外商投资法》；取消了逐案审批制管理体制，探索准入前国民待遇加负面清单管理制度；新修订了《外商投资产业指导目录（2017年修订）》，限制性措施比2011年版总计缩减65%。上述措施极大改善和优化了外商投资环境。

可见，对外开放正在随着我国经济的客观现实情况向更深层次突破，开放的内涵和外延都在发生变化，形成了更有质量的开放和更高水平的开放，为开放型经济新体制提供了强大的内生动力，也成为中国应对国际经济挑战、破解全球经济变局的重要举措。

第二节　外部环境：国际经济关系迎来新变局

面向未来，技术变革、人口、粮食、资源与能源、金融和区域经济合作、全球经济治理等都是影响国际经济格局变化的重要变量。在这些影响变量中，以信息技术为代表的新技术革命、全球经济治理变革、大国博弈，将是影响国际经济格局变化的主要变量。

一、以信息技术为代表的新技术革命将深刻改变世界发展格局

当前，全球新一轮科技革命和产业变革呈加速趋势，并呈现出"一主多翼"

的演进格局。所谓"一主",就是以信息技术深度和全面应用为特征的技术革命迅猛发展,带动应用领域的创新突破以及新业态的不断出现,数字化、网络化、智能化加速推进。所谓"多翼",就是新能源技术、材料技术和生物技术等新技术的创新发展。

在新一轮技术革命中,信息技术的深入发展将推动数字技术创新,源于数字技术的颠覆性新兴技术将不断涌现,而且数字技术革命将引发"关键生产要素"的变迁,并进一步推动生产方式变革和国际经济格局变化。当前,数字技术的深度应用催生了海量数据资源,并与新材料技术和先进制造技术等融合应用,使数据成为新的关键生产要素。新的生产要素及其新的组合应用将引发生产方式的重大变革,推动研发设计向开放合作、国际化和专业化方向发展,制造业加速向数字化、智能化、个性化发展;数字技术的"连接""融合"功能引发产业形态平台化、网络化和深度服务化。数字技术等新技术的深入发展,将深刻改变国家的比较优势和竞争优势,从而对全球格局产生深刻的影响。

二、全球经济治理体系进入加速变革期

对国际经济格局和我国外部环境而言,全球经济治理体系是至关重要的制度性影响因素。近年来,经济全球化促进全球经贸格局的深刻变化,促使全球经济治理进入快速变革期,呈现出新的特点:治理主体呈现多元化、多极化趋势;全球性议题和挑战持续增加;治理机制与平台日益丰富;全球经贸规则制定权之争日益凸显,高标准趋势显著增强。随着国际经济和贸易投资格局的变化,全球治理在推进政策措施落实的有效性和适应形势变化的创新性等方面的不足更为凸显,各方推进全球经济治理体系改革的呼声日益高涨。

展望未来,全球竞争将进一步加剧,各种利益诉求相互交织、博弈,全球经济治理面临的新形势与新挑战,将给全球经济格局带来长期而深远的影响。例如,经济全球化深入发展的趋势未发生根本性改变,但逆全球化思潮和贸易保护

主义抬头，将导致国际环境中不确定因素增加。现有全球治理的有效性面临挑战，全球经济治理体系不适应国际经济格局的变化。绿色发展理念正在转化为行动，在为各国经济带来新动力的同时，绿色壁垒和环境约束逐步增强，解决全球环境问题的国际制度构建和各国合作行动推动形成新的全球治理机制。多种治理平台与路径选择共存，面临在强治理的有效性与灵活治理的包容性中的取舍。

三、新兴大国与守成大国的博弈将进一步加剧

以中国为代表的新兴大国崛起，既是影响未来国际经济格局变化的重要因素，又是国际经济格局变化的重要组成部分。一个人口规模与现有发达经济体人口总和相当的新兴大国正在快速进入高收入社会行列，必将促进全球经济格局加速变革。

以美国为代表的守成大国与新兴大国之间既有合作又有竞争，相互之间的博弈将加剧，使形势更趋复杂多变。一方面，守成大国希望分享新兴经济体的发展机遇，期待中国等新兴大国在解决全球性议题、应对全球性危机、促进世界经济复苏中分担更多的国际责任；另一方面，守成大国为保持领导地位，会采取打压、遏制等措施，加剧与新兴大国的博弈。大国之间持续地互动，导致未来国际关系前景具有巨大不确定性。因此，大国博弈将令中国所处的国际环境变得异常复杂，而且将对全球经济格局与竞合关系产生极为深刻的影响。

国际经济格局的深刻变化将为我们带来新的机遇和挑战。从机遇看，一是新一轮技术革命与产业变革，将为我们赶超提供历史性机遇。新技术革命，将给我国带来利用新技术"变轨"实现跨越的新机遇；产业分工格局重塑，使我国有可能利用全球价值链"重构"机会，实现产业结构的跃升。比如，在新一轮技术革命中，我国可以凭借快速的技术学习和能力积累，充分利用多层次国内大市场、不断增强的创新能力及市场环境，逐步成长为引领全球数字化发展、改变数字化格局的重要力量；通过将新兴技术运用到传统产业领域，推动新兴技术与传统产业融合，不断提升我国在传统产业国际分工中的地位；新技术革命将推动形成新的生产方式、国际分工方式和新的贸易方式，信息化可以改变国家的比较优势，有利于提升我国在全球分工中的地位。

二是经济全球化深入发展，将为我国贸易投资带来更大发展空间。尽管逆全球化思潮抬头，但经济全球化方向不会逆转。中国经济发展的前景和巨大市场，将吸引世界各国不断扩大和深化与我国的经贸合作。只要我们坚持扩大开放的基本国策不动摇，构建全面开放新格局，仍然可以利用全球资源与市场为推进高质量发展提供战略支撑。

三是新兴经济体快速发展，将为我国提升在国际分工中的地位提供机遇。全球经济增长的重心将从欧美转移到新兴市场，新兴经济体和发展中国家实力进一步提升，将为提升我国在国际分工中的地位提供重要机遇。新兴经济体在过去十年中对世界经济增长的贡献率接近50%。预计到2035年，包括新兴经济体在内的发展中国家在世界经济中的比重将达到60%，在全球贸易和跨境投资中的比重也将相应大幅上升。我国与其他发展中国家深入开展经贸合作，可以充分发挥双方互补的优势，有助于拓展我国经济发展的空间，形成以我国为主导的区域乃至全球生产网络，提升我国在全球分工中的地位。

四是全球绿色发展和能源转型，将为我国发展带来新的机遇。全球绿色发展和能源转型将有利于解决我们自身的能源供应和环境保护问题。由于可再生能源、新能源开发利用获得重大突破，资源不再是制约能源行业发展的决定性因素，这为我国乃至其他发展中国家发展打破了能源瓶颈的约束。到2035年，中国更加追求可持续发展和绿色增长，生态环境质量将得到改善，资源利用方式将得到优化，能源供应更为清洁和安全。

五是全球经济治理体系加速变革，为我国提升制度性话语权提供机遇。全球经济治理正处于加速变革期，随着全球性议题和挑战的增多，各国对中国发挥更大作用的期盼增强，新兴经济体和发展中国家希望中国加快推进全球治理体系改革。这为我国发挥负责任大国作用、深入参与全球治理提供了新的空间，有助于我国切实提升国际影响力和制度性话语权。

当然，不断变化的国际经济格局也将给我国带来前所未有的挑战，特别是世界经济增长不确定性显著增强，全方位国际竞争显著增强，中国将面临双重竞争的挤压。此外，中国经济实力快速提升引发外部担忧与遏制，大国博弈与多方角力，使我国的外部环境变得异常复杂。处理好与守成大国的关系，关乎我国可持续发展与基本实现社会主义现代化的大局；处理好与其他新兴经济体、发展中国家的关系，仍然是中国面临的且必须处理好的重大挑战。进一步来看，全球经贸规则重塑提出改革开放新要求，发达国家在全球经贸规则制定中仍具有较强的主导权，更加重视对中国的针对性、高标准的贸易投资自由化，将给我国的市场开放与体制改革带来前所未有的压力。

第三节　理论指导：引领对外开放新方向

在建设中国特色社会主义的新时代背景下，只有准确把握习近平开放发展思想的基本内涵，深刻理解开放发展理念的核心要义，才能在推进改革开放的过程中找到主航线，保证方向不偏离。

一、以双向开放为根本导向

改革开放 40 多年的经验表明，我国实行的对外开放政策正确且富有成效。自党的十八大以来，以习近平同志为核心的党中央继续领导深化改革开放的伟大事业，坚持以双向开放为根本导向，坚持"引进来"与"走出去"相结合。一方面，要坚持"引进来"。首先，要厘清"为什么引"的问题。新时代我国社会主要矛盾发生变化，但仍处于并将长期处于社会主义初级阶段的基本国情没有变。邓小平同志指出："初级阶段就是不发达的阶段。"经济发展不充分的现实需要"引进来"。同时，在世界经济发展中占领主动权，核心技术的突破是关键。因此，加强科技研发，提升创新能力事关国家发展全局，必须引起足够重视。其次，要解决"引什么"的问题，有两种情况：一是引进我无人有的东西；二是引进我有人优的东西。对于前者，要尽可能学习其先进的技术和经验为我所用，对于后者，要重在分析与他人的差距，有针对性地学习。另一方面，要坚持"走出去"。一是顺应经济全球化趋势，抓住机遇、抢占先机，增强我国经济发展后劲；二是在"走出去"中提升我国国际竞争力和话语权。要想在国际竞争中处于优势地位，就要培育具有国际影响力的跨国公司和企业品牌，在"双创"的驱动下，更多中国品牌开始走向世界。

二、以互利共赢、多元平衡、安全高效为基本原则

自党的十八大以来，习近平总书记提出建立互利共赢、多元平衡、安全高效的开放型经济体系，是党中央在深刻总结改革开放历史经验的基础上作出的重要战略决策，同时也指明了我国改革开放发展的主要目标。

互利共赢是建设开放型经济体系的出发点和落脚点，国家间、地区间的共同利益是相互合作的基础。提倡互利，表明了我国在发展自身的同时关注对方的发展，这种开放理念体现了一种正确的义利观，即我们在谋求自身发展的同时也给予别人重大关切。

多元平衡是建立开放型经济体系的重要途径和手段。多元不仅体现在"引进来"，同样也体现在"走出去"，在贸易投资、产品研发、品牌推广等方面都要体现多元化。然而，多元与平衡是一对矛盾，过分强调多元，就有可能失去平衡。所以，多元之中要有主导，多样之中要有主体，在多元之中找到平衡点，在平衡之下推进多元。

安全高效是建设开放型经济体系的重要保障，保证经济平稳运行就是安全。国际经济政治利益格局的调整、全球范围内经济危机的冲击等都在不同程度上对发展开放型经济体系产生不利影响。因此，为了积极应对开放带来的诸多风险，首先要确保构筑安全的对外开放体系，不搞冷战思维，拒绝零和博弈，在此基础上追求高效，提升开放质量。

三、以兼收并蓄、交流互鉴为价值遵循

习近平开放发展思想是一种开放包容的发展理念。开放实质上是如何处理本土文化与异域文化的关系问题，不同文明构成了世界文化的多样性。对待本民族、本地区文化，不能故步自封，更不能妄自菲薄。中华文化之所以如此精彩纷呈、博大精深，就在于它兼收并蓄的包容特性。各族文化交相辉映，中华文化历久弥新，这是我们强大文化自信的根源。随着经济全球化的深入发展，西方的价值观念也在潜移默化地影响着我国人民的生产活动和生活方式。哲学家汤一介曾指出："如果我们希望中国文化得到更好的发展，希望中国文化今后能对人类文明有所贡献，就必须以'和而不同'的态度对待其他民族、国家、地域的文化，以创造适应现代社会的新文化。"

当前，在处理民族文化与其他文化的关系上存在三种错误倾向：一是民族虚无主义，主张全盘西化；二是文化保守主义，忽视学习借鉴其他民族文化；三是文化狭隘主义，片面主张弘扬本民族的风俗习惯与思想文化，不注重各民族文化间的兼收并蓄。这三种观点都走向了形而上学的误区，无论是中国文化还是外国文化，无论是汉族文化，还是各少数民族文化，既有精华，也有糟粕。在继承的过程中要辩证地看待，学习和吸收其他优秀文明成果，取人之长，补己之短，在开放的环境中促进各国文明交流，不断丰富本民族文化内涵，相互借力，才能实现共同发展。

四、以共筑人类命运共同体为终极目标

人类命运共同体是以习近平同志为核心的党中央在新形势下提出的新价值理念。全球化浪潮使国际上的资本、技术、劳动等要素流动加快，各国越来越成为一个不可分割的整体，没有哪一个国家可以独善其身，世界已成为相互联系的命运共同体。第一，人类命运共同体是马克思关于人的本质学说全球化的过程。马克思指出："人的本质不是单个人所固有的抽象物，在其现实性上，是一切社会关系的总和。"这就表明了要探讨人的本质，必须将人与其所处的社会关系联系起来，也就是说，要关注人的社会性。而人类命运共同体不仅要关注我们自身的发展，而且要放在世界发展的大环境中考量，在全球化趋势下审视中国发展的现状，从中国与世界各国的关系中找到自身的角色定位。

第二，人类命运共同体展现了我们的文化自信和集体主义的价值取向。人类命运共同体是我国在经济全球化背景下处理对外关系的新主张，秉承兼收并蓄、交流互鉴的态度促进世界文化多样性，彰显了坚定的文化自信。人类命运共同体又是一种集体主义价值观，这种思想在我国古代治国伦理中就有体现，如"大同社会""四海之内皆兄弟"等，这种集体意识冲破了资本主义社会崇尚的个人主义的狭隘性，彰显了社会主义制度的优越性。

第四节 实施策略：探索开放合作新路径

开放发展思想不仅为经济发展提供了理论支撑，同时也在实践中产生了重要成果。建立自由贸易试验区，开启了对外开放新阶段；倡导"一带一路"，开拓了对外开放新境界；打造中国特色自由贸易港，开辟了对外开放新高地。

一、建立自由贸易试验区，开启对外开放新阶段

自 2013 年 9 月以来，我国先后建立了 18 个自由贸易试验区。目前，自由贸易试验区建设已取得初步成效，这既是我国经济体制改革的重大突破，同时也是提升我国开放水平的有力举措。

首先，制度创新，探索开放新路径。发展和完善社会主义市场经济离不开贸易自由化。经济市场化程度越高，贸易自由化程度也越高。在处理两者的关系上，我国更加注重其协同发展，在推进对外开放的过程中给予市场和企业更多自主权，充分发挥市场的主导作用，积极推动贸易投资便利化和金融自由化，减少政府干预。建立推广自由贸易试验区，利用对外开放倒逼市场经济体制改革。

其次，科学决策，试点推行成效突出。自由贸易区良好的营商环境使国内外企业形成集聚效应，大大促进了商品流通和贸易投资。同时，依据各地优势条件，我国分别形成了陆地、空港、海港等性质的自由贸易试验区，各自贸区在遵循统一规则的基础上发挥比较优势，极大地促进了本地区及周边地区的经济发展，同时也为之后自由贸易区的精确定位提供了现实依据。

最后，统筹指导，完善相关政策。据统计，已成立的自贸区中国内企业所占比重较高，大批国内企业的涌入有利于促进商品流通，但外资企业所占比重相对较少，对外资企业吸引力不足反映了自贸区的政策有待进一步完善。创造更具优势的投资环境，加强国际贸易互通，将更多国外企业纳入试验区，能形成与国际规则相对接的贸易体系，从而推动自由贸易试验区建设向规范化、专业化、国际化方向发展。作为改革开放的试验田，自由贸易试验区既是建设开放型经济体系的创新尝试，也是社会主义市场经济不断完善的重要体现。

二、倡导"一带一路"，开拓对外开放新境界

2013 年，习近平总书记出访中亚和东南亚国家时提出"一带一路"倡议，即建设"丝绸之路经济带和21世纪海上丝绸之路"。随后，这一宏伟倡议得到沿线国家和地区的积极响应和广泛认可，全球80多个国家和国际组织同中国签署了合作协议，支持和参与"一带一路"建设。

"一带一路"有别于传统的全球化。传统的全球化促进了资本、技术、资金等要素在世界范围内的流动，其实质是发达国家主导，通过把高污染、高耗能的产业转移到发展中国家，以此来达到产业升级的目的，发展中国家由于技术和创新能力不足等原因导致在竞争中处于劣势，处于产业链的低端。相比传统全球化，"一带一路"更具包容性。"一带一路"坚持"共商共建共享"的原则，各国都是平等的发展主体，充分尊重各国在发展中的权利和地位，以对话协商的方式平衡各方利益，使发展成果更多更公平地惠及沿线国家和人民。

"一带一路"为国内产业结构升级开拓了新的市场。为应对2008年金融危机，我国政府投资四万亿美元用于刺激内需，尽管有效防止了大范围经济危机的冲击，但也造成了产能过剩等后发性问题。事实上，发达国家在全球化过程中掌握着国际贸易的游戏规则，贸易保护主义盛行，严重影响我国出口企业的长远发展，不利于培育新的经济增长点，进而阻碍我国产业结构升级的步伐。"一带一路"是有效缓解供需矛盾的重要举措之一。"一带一路"沿线大多数是发展中国家，各国间贸易协作性强，贸易保护主义少，其基础设施建设等潜力需要能够有效化解我国产能过剩的风险，通过与这些国家开展合作交流，有助于积极拓展合作新空间，实现优势互补。"一带一路"强调把国内市场和国际市场联系起来，尽可能充分参与国际分工，同时在分工中发挥本国经济的比较优势，是解决我国经济发展不平衡不充分问题的有效途径。"一带一路"不是地缘政治的工具，而是开放发展的理念，是加强政治互信的确据，也是我国积极参与和顺应经济全球化的重要体现，其实施为各国开展全方位的合作提供了契机，有利于推动建立开放安全高效的国际金融体系。

三、提出粤港澳大湾区等战略，开辟协同发展新高地

习近平总书记和党中央还提出了粤港澳大湾区战略，连同京津冀协同发展、长江经济带等重大区域协同发展战略，促进国内各地区间相互开放、协同开放，统筹地区发展与对外开放布局，使全国开放发展格局呈现出系统化、推进化新格局。

2019年2月18日，《粤港澳大湾区发展规划纲要》正式公布，标志着这项由习近平总书记亲自谋划、亲自部署、亲自推动的国家战略进入全面实施阶段。习近平总书记始终高度关心、关注、关切粤港澳大湾区建设工作，亲赴广东考察调研，会见中国香港、澳门各界庆祝国家改革开放40周年访问团，对粤港澳大湾区建设提出了一系列新论断、新目标、新要求，从全局和战略的高度肯定了粤港澳大湾区对于实现"两个一百年"奋斗目标、实现中华民族伟大复兴的中国梦事关重要、使命重大。

我国区域间发展水平不一、发展阶段不同、发展基础差异较大，在高质量发展的过程中不可能齐步推进，有的区域必定要成为探索者、领军者。作为我国开放程度较高、经济活力较强的区域之一，粤港澳大湾区经济实力雄厚、创新要素集聚，以全国不到1%的国土面积、5%的人口总量，创造出全国12%的经济总量。粤港澳大湾区有基础、有能力顺应全球发展潮流，更好地发挥中国香港、澳门作为自由开放经济体和广东作为改革开放"排头兵"的优势，打造国际一流大湾区，为我国在世界经济深度调整和科技竞争日益激烈的环境中赢得一席之地，为全国改革开放再出发提供新鲜经验。

京津冀协同发展是国家重大区域战略，其核心是有序疏解北京非首都功能，调整经济结构和空间结构，走出一条内涵式集约发展的新路子，探索出一种人口经济密集地区优化开发的模式，促进区域协调发展，形成新增长极。2014年2月26日，习近平在京津冀协同发展工作座谈会上指出："北京、天津、河北人口加

起来有 1 亿多，土地面积有 21.5 万平方千米，京津冀地缘相接、人缘相亲，地域一体、文化一脉，历史渊源深厚、交往半径相宜，完全能够相互融合、协同发展。推进京津冀协同发展，要立足各自比较优势、立足现代产业分工要求、立足区域优势互补原则、立足合作共赢理念，以京津冀城市群建设为载体、以优化区域分工和产业布局为重点、以资源要素空间统筹规划利用为主线、以构建长效体制机制为抓手，从广度和深度上加快发展。"

长江经济带建设与京津冀协同发展一样，都是当前国内区域发展、推进城镇化建设的"发力点"。2013 年 7 月 21 日，习近平在考察武汉新港时指出："长江流域要加强合作，发挥内河航运作用，把全流域打造成黄金水道。"2014 年 9 月，国务院印发《关于依托黄金水道推动长江经济带发展的指导意见》，部署将长江经济带建设成为具有全球影响力的内河经济带、东中西互动合作的协调发展带、沿海沿江沿边全面推进的对内对外开放带和生态文明建设的先行示范带。

2021 年 10 月 9 日，中共中央、国务院印发了《黄河流域生态保护和高质量发展规划纲要》，提出到 2030 年，黄河流域人水关系进一步改善，流域治理水平明显提高，生态共治、环境共保、城乡区域协调联动发展的格局逐步形成，现代化防洪减灾体系基本建成，水资源保障能力进一步提升，生态环境质量明显改善，国家粮食和能源基地地位持续巩固，以城市群为主的动力系统更加强劲，乡村振兴取得显著成效，黄河文化影响力显著扩大，基本公共服务水平明显提升，流域人民群众生活更为宽裕，获得感、幸福感、安全感显著增强。

第二章　内蒙古全面开放历程

第一节　开放发展的起步（1978～1992年）

1978年，党的十一届三中全会确立了以经济建设为中心、实行改革开放、加快社会主义现代化建设的路线，并明确提出："在自力更生的基础上积极发展同世界各国平等互利的经济合作，努力采用世界先进技术和先进设备。"以此为标志，我国开始了对外开放的历史性转变，进入了改革开放和社会主义现代化建设的新时期。1979年7月，党中央、国务院决定对广东、福建两省的对外经济活动实行特殊政策和优惠措施。1980年5月，中央决定设立深圳、珠海、汕头、厦门经济特区，成为我国对外开放的先导示范基地。

这一时期的对外开放重点在东南沿海，广东、福建、江苏、浙江、上海等省市成了"领头羊"和最先的受益者，而广大的中西部地区始终扮演着"追随者"的角色，这在一定程度上造成了东、中、西部的区域经济发展和开放度的失衡。作为边疆少数民族地区，内蒙古是我国对外开放区域布局中处于边缘地带的区域。改革开放初期，由于受到地缘因素制约以及国际政治环境的影响，内蒙古的对外开放步伐明显落后于全国。开放的格局基本上是单一向西的，对外贸易也主要依靠沿海地区走向国际市场。在 1979 年以前，内蒙古的对外贸易，除对苏联、东欧及蒙古等国家和地区的政府间协定贸易和活牛、鸡蛋、蜜瓜、土豆、带皮山羊肉五种商品由内蒙古自营出口外，其余商品全部调给天津、北京、大连、广州等大口岸出口。1979 年，鄂尔多斯（原伊克昭盟）东胜羊绒衫厂与日本三井株式会社签订合同，以补偿贸易方式引进日本的先进技术和设备生产开司米羊绒衫。这是内蒙古对外开放的起点，也是中国西部 12 个省（市、自治区）第一个引进外资与技术的项目。1980 年，内蒙古自治区人民政府和国家对外经济贸易部批准成立了内蒙古进口公司，主营区内地方外汇和其他外汇的进口业务，首次突破了延续 30 多年的单一国家大贸局面。自 1980 年以后，内蒙古逐步开展出口业务，贸易伙伴以欧美、日本、中国香港等国家和地区为主。受经济发展落后的制约，内蒙古出口产品结构主要以粮油、土畜、矿产品等初级产品为主，对外贸易起点低、基数小，尽管增长速度较快，但直到 1982 年全区进出口贸易总额也仅达到 8173 美元。1984 年，内蒙古自治区党委决定扩展区内外多方面的经济联系，扩大开展对外经济、技术方面的交流，大力引进资金和技术，吸引国内外投资。自此，中断 20 年之久的中俄边境易货贸易关系得以恢复；1985 年后同蒙古国的边境易货贸易活跃起来；自 1988 年起同东欧国家的易货贸易开始起步。恢复发展同俄罗斯、蒙古国边境易货贸易关系，对活跃边境地区市场，发展地区经济，增进中俄、中蒙人民特别是边境地区人民之间的睦邻友好关系起到了积极的作用。

1987 年以前，内蒙古仅有内蒙古国际贸易公司一家企业对外经营边境、易货贸易。1988 年，根据中央深化外贸体制改革的有关方案，国家批准了内蒙古 16 家企业经营边境贸易和易货贸易业务。清理整顿公司以后，保留 6 家边境、易货贸易公司，没有对外经营权的公司会以委托代理方式开展业务。1991 年，国务院批准《关于积极发展边境贸易和经济合作促进边疆繁荣稳定的意见》，授予内蒙古等 4 个边境省（区）管理边境贸易和经济合作部分权限。1992 年，国务院批准设立满洲里中俄互市贸易区，这是我国第一家边境互市贸易区。同时，内蒙古国际贸易、内蒙古北疆贸易、内蒙古国际经济技术合作三大集团公司成立，满洲里、黑山头、二连浩特 3 个互市贸易区完成辟建，俄罗斯赤塔州中国商业一条街建成，对俄、对蒙经济贸易和对外经济合作进入黄金发展期。

由此，内蒙古向北开放一度成为 20 世纪整个 90 年代中国内陆边境的一道亮丽风景。1992 年，内蒙古进出口总额达到 93555 万美元，是 1978 年的 60.3 倍；实际利用外资从无到有，达到 7190 万美元（见图 2-1）。内蒙古对俄罗斯、蒙古国及东欧国家的边境易货贸易进出口额已占到内蒙古对外贸易进出口总额的 30%左右，成为内蒙古对外贸易的重要组成部分。1991 年 6 月底，内蒙古注册的中外合资、合作及独资企业增加到了 54 家。其中，呼和浩特市 21 家，包头市 16 家，赤峰市 6 家，乌兰察布盟 4 家，哲里木盟 3 家，呼伦贝尔盟 2 家，兴安盟 1 家，巴彦淖尔盟 1 家。总注册资金达 5 亿元人民币。1990 年，外商投资企业出口创汇 1400 万美元，实现利税 437 万元。

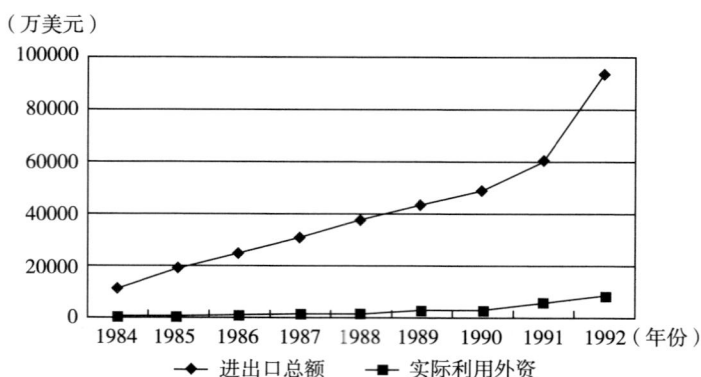

图 2-1 1978~1992 年内蒙古进出口总额、实际利用外资变化情况

第二节 开放发展的展开（1992~2002 年）

1990 年以后，我国已与世界上大多数国家和地区开展了经贸往来，美国、日本、韩国、欧盟和东盟国家已成为中国最重要的经贸伙伴。我国加入了《联合国国际货物销售合同公约》《承认和执行外国仲裁裁决公约》《保护工业产权巴黎公约》等一大批国际公约和条约，并与 89 个国家签订了双边保护投资协议，与 160 多个国家签订了贸易协定。1992 年，邓小平南方谈话后，我国加快推进对外开放。1992 年，国务院先后就进一步开放沿边、沿江、沿海作出一系列决定，新批准对外开放口岸 15 个，增加对外开放县 26 个。全国对外开放口岸和对外开放县（市）累计分别达到 167 个和 825 个，涉及 12 个省（自治区）和 16 个市，横跨中部、西部，成为我国重要的经济腹地。

自 1991 年，国务院批准满洲里、二连浩特成为国家一类内陆口岸，特别是邓小平同志南方谈话后，内蒙古抓住沿边开放的有利契机，制定了"五大战略"等经济发展新战略，对外开放事业开始进入一个新的历史发展阶段。1992 年 3 月，内蒙古自治区人民政府出台措施：组建国际贸易、北疆贸易、国际经济技术合作三个集团公司；把独联体、蒙古国、东欧国家的外贸活动组织起来，发挥整体优势；开辟满洲里与俄后贝加尔斯克、额尔古纳右旗黑山头与俄对应城镇，建立二连与蒙古国扎门乌德互市贸易区；与独联体、蒙古国、东欧国家合资办企业等。同时，内蒙古还出台了一系列优惠的开放措施，例如：鼓励国内外投资者兴办一切具有积极意义的产业和行业；对国内外投资者在土地使用方面可比照沿海地区的优惠条件从宽掌握；对外商投资企业和国内横联企业在能源、物资、资金等方面给予优先安排等。同年，自治区党代会强调内蒙古要全面实施沿边经济发展战略：沿边开放带和铁路沿线经济开发带发展外向型经济；全方位开放，建设出口生产基地，兴办高科技开发区和经济技术开发区。

到 2002 年底，内蒙古进出口总额达到 30 亿美元，是 1992 年的 3.2 倍（见图 2-2）。对外合作的领域由最早的羊绒制品行业，逐步扩展到粮油食品、纺织、服装、五金矿产、化工、医药、机械设备、家电设备、煤炭等。主要贸易国家包括俄罗斯、蒙古、日本、中国香港、美国、意大利、法国、德国、英国等。

（万美元）

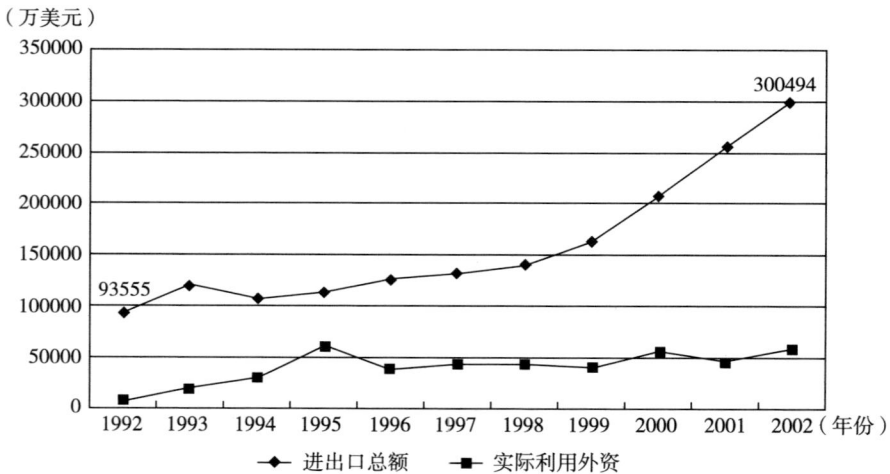

图 2-2　1992~2002 年内蒙古进出口总额、实际利用外资变化

第三节　全面开放格局的形成（2002~2012 年）

2001 年 12 月，我国加入 WTO，对外开放进入新的历史阶段。以加入 WTO

为标志，我国对外开放进入加速向纵深推进阶段。这一时期，我国开始实施东北老工业基地振兴战略、西部大开发和环渤海地区开发开放战略。自 2002 年以来，内蒙古紧紧抓住我国加入 WTO 的有利时机，全面推进对外开放，积极实施"走出去"战略，不断扩大对外贸易合作领域，进一步转变观念、优化环境、强化服务，招商引资规模不断扩大，外向型经济取得重大进展。2012 年，内蒙古进出口总额达到 112.6 亿美元，是 2002 年的 3.7 倍（见图 2-3）。口岸建设得到加强，发挥与俄蒙的经济互补优势，通过口岸主要进口我国急需的煤炭、铁矿石、铜矿砂、木材等资源性产品，出口俄蒙市场短缺的建材、机电、轻工、日用品和果蔬等商品。2012 年，内蒙古口岸进出境货运量达到 6729.2 万吨，进出境客运量达 479.4 万人次，形成了年进出境货运量在 1000 万吨以上的满洲里、二连浩特、策克和甘其毛都四大重点口岸。二连浩特口岸年进出境客运量保持在 200 万人次以上；满洲里口岸是全国边境陆路口岸，是进出境货运量最多的口岸；其他口岸进出境货运量大幅度增长。进出口商品结构明显改善，出口商品中粮油食品类、五金矿产类、医药类、机械设备类、纺织类快速增长，进口商品中机械设备类、五矿类、轻工类、化工类明显增加。对外经济技术合作取得新进展，全区对外经济技术合作完成营业额累计 5.4 亿美元，其中对外承包工程完成营业额 2.9 亿美元，对外劳务合作完成营业额 2.5 亿美元。合作领域不断拓宽，同 100 多个国家和地区的客户建立了贸易往来及经济技术合作关系，特别是内蒙古企业积极参与国际市场竞争，走出国门，在境外建厂创业并取得成功。

（万美元）

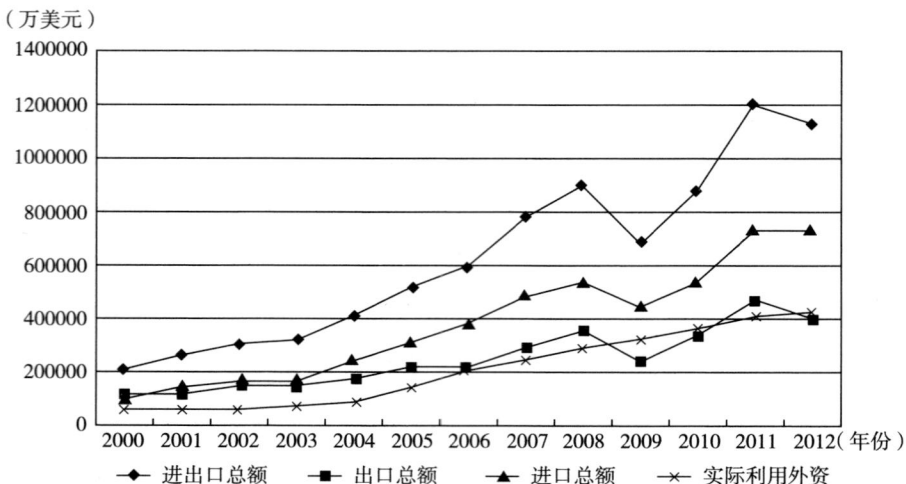

图2-3 2000~2012年内蒙古进出口总额、实际利用外资情况

第四节 全面开放的深化（2012年以来）

2011年6月，《国务院关于进一步促进内蒙古经济社会又好又快发展的若干意见》出台，明确了内蒙古的四大战略定位，"我国向北开放的重要桥头堡"是其中之一，为内蒙古对外开放进一步明确了战略定位和努力方向，也为内蒙古经济社会发展注入了新的动力。2012年，国家出台《关于深入实施西部大开发战略的若干意见》和《西部大开发"十二五"规划》，明确了内蒙古在沿边开放格局中的重要地位。2012年，国家批复满洲里和二连浩特为首批国家重点开发开放试验区。同年，国务院新批准开放的内蒙古三个公路口岸——额布都格口岸、阿尔山口岸、满都拉口岸均通过了国家级正式验收。自治区出台了加快推进满洲里和二连浩特重点开发开放试验区建设的改革措施，涉及口岸和通道建设、财

税、投融资、产业、土地、公共服务、人才等方面，为试验区提供了政策红利和发展契机，也为自治区构建开放型经济体系带来新机遇。2014 年 1 月，习近平总书记在考察内蒙古时作出重要指示，强调要通过扩大开放促进改革发展，发展口岸经济，加强基础设施建设，完善同俄罗斯、蒙古国合作机制，深化各领域合作，把内蒙古建成我国向北开放的重要桥头堡。这为内蒙古对外开放进一步指明了方向。

内蒙古全面落实国家"一带一路"倡议，创新与蒙俄合作机制，提升贸易便利化水平、提高投资便利化水平、完善边民互市贸易等扩大沿边开放新举措，为"一带一路"建设提供了重要支撑，做出了重要贡献。

第三章　开启内蒙古开放型经济的
战略转型

第一节　开放发展是内蒙古转型发展关键期的必然选择

自 2000 年以来，内蒙古抓住国家对能源重化工需求增长的机遇，大力发展资源能源型产业，连续 8 年经济增速全国第一，经济实现了跨越式发展。但随着 2012 年我国经济进入新常态以来，内蒙古经济发展明显放缓，特别是随着我国经济转向高质量发展阶段，内蒙古发展不平衡不充分的问题尤为突出，在 2019 年度经济高质量发展评价中，全区经济质量差距指数为 38，居全国第 24 位，经济发展已经到了不得不转型的关键期。在当前内蒙古发展的内生动力明显不足的情况下，内蒙古转型调整还需要借助外力。

内蒙古功能定位作用的充分释放，迫切需要通过开放借力、服务全国。自 2012 年以来，习近平总书记多次到内蒙古考察，参加内蒙古代表团审议，亲自为内蒙古擘画宏伟蓝图，强调内蒙古要建设好"我国北方重要生态安全屏障"

"祖国北疆安全稳定屏障""能源和战略资源基地""农畜产品生产基地"和"我国向北开放重要桥头堡"。这五大定位既高度符合内蒙古实际,也是内蒙古转型发展的重要目标追求。要看到内蒙古五大定位是面向全国、服务全国的,在我国加快构建新发展格局的背景下,内蒙古推动资源、生态、区位等比较优势转化为发展优势拥有了巨大空间,也给经济结构绿色化转型带来了机遇。习近平总书记指出,内蒙古地处内陆,经济外向度不高,只有全方位融入国内国际大市场,才能实现借力发展。因此,内蒙古一方面要通过开放借助外力更好地推动转型发展,集全国的力量和资源建设"两个屏障""两个基地"和"一个桥头堡";另一方面通过开放让内蒙古更好地"走出去",更多地在全国发展大局中体现内蒙古的价值和担当。

内蒙古区域发展不平衡问题正在固化,迫切需要通过开放促进区域协调发展。当前,内蒙古东西部区域间发展不平衡的问题较为突出,截至2019年,西部呼包鄂地区经济总量占全区比重达到了53.2%左右,规模以上工业增加值占全区的比重为59.6%,社会消费品零售总额占全区的比重为52.2%;同时期整个蒙东地区占全区生产总值比重仅为32%,规模以上工业增加值占全区的比重为23.4%,社会消费品零售总额占全区的比重为35.5%。21个西部百强县有15个在西部,其中11个集中分布在呼包鄂地区。从我国开放发展的历程来看,随着我国开放格局的优化,区域协调发展取得显著的成效,形成了东西帮扶、东西互救济、南北联通的协调发展局面。因此,推动内蒙古区域发展迫切需要通过开放格局的优化,进一步释放东西部的区域交通优势、比较优势,特别是要加快蒙东地区的开放,通过开放促进蒙东地区高质量发展。

转型发展的要素瓶颈越发显现,迫切需要通过全面开放引入更多要素支撑。内蒙古转型慢、转型难其中一个很重要的原因就是转型发展的要素短缺,若不尽快解决要素短缺问题,就会拖累转型进程。目前,内蒙古支撑转型发展的有效投资不足,在2019年度经济高质量发展评价中,全区经济质量差距指数为38,居全国第 24 位，其中一个重要原因就是新旧动能转换投资动力不足。农牧业投资在经历 2018 年和 2019 年第一季度断崖式下滑后，依然没能走出低迷困局；高技术制造业投资下滑幅度进一步扩大，2019 年 1~9 月内蒙古高技术制造业固定资产投资增速为-48.2%。2019 年 1~9 月，全区基础设施投资增长仅为 2.2%，较全部固定资产投资增速低了 2.6 个百分点，较全国平均水平低了 2.3 个百分点。同时，支撑转型的创新要素供给不足。科技支撑方面，全区研究与开发（R&D）经费不升反降，2018 年占 GDP 比重进一步降为 0.75% 左右，更低于全国 2.19% 的平均水平。全区综合科技创新水平指数低于全国平均水平 22 个百分点左右。全区规模以上工业企业中设有研发机构的企业所占比重仅为 4% 左右，有 R&D 活动的规模以上企业占比仅为 9.7% 左右。国家认定的 491 家国家级重点实验室中内蒙古仅有 3 家，332 个国家工程技术中心内蒙古仅有 2 家，169 家国家级高新技术开发区内蒙古只有 3 家。在内蒙古经济增速放缓、政府债务率较高的情况下，要依靠自身实现内蒙古大规模的有效投资相比"十一五"时期几乎是不可能了，因此还需要通过全面开放吸引外部投资，弥补自身投资不足。同时，在内蒙古人才流失、自主创新不足的大背景下，仅仅靠内蒙古自主创新远远不够，也难以满足其转型发展和高质量发展的需求，更多需要从区外引入技术成果，加快科技成果转化。从我国经济转型的历程来看，我国通过开放、通过市场引来了资金，引进了技术，促进了经济的转型。

产业转型进展缓慢，迫切需要全面开放承接更多新产业新业态。近年来，内蒙古立足优势、扬长补短，积极推进产业转型升级，基本构建了多元发展、多极支撑的现代产业体系，但"四多四少"问题依然突出，产业转型升级之路任重道远。目前，内蒙古自治区的产业结构仍以资源型产业为主。2018 年的统计数据显示出如下特征：①传统产业多、新兴产业少。内蒙古自治区能源、化工、冶金、建材等行业增加值占规模以上工业增加值的比重仍达 75% 左右，对工业增长贡献率达到 78.3%，占 GDP 的比重达到 33%。相比较而言，新产业、新业态对经济增长的贡献微弱，内蒙古自治区战略性新兴产业增加值占 GDP 比重仅为 5.1%，不足全国平均水平的一半。②低端产业多、高端产业少。内蒙古自治区产业体系中产业层次初级化、产品特色低端化的情况仍未改观，主导产业多数处于产业价值链上游，在 42 种主要产品中，75% 为"原字号"产品或初级加工产品，虽然有一定程度的加工转化，但仍在初级环节。③资源型产业多、高附加值产业少。目前，内蒙古自治区"挖煤卖煤、挖土卖土"的粗放型资源开发模式尚未根本转变，全区制造业增加值占 GDP 比重仅为 13%，低于全国 17 个百分点以上，大宗产品仍然以资源初级加工为主，产业链条短。④劳动密集型产业多、资本科技型产业少。内蒙古自治区多为农畜产品加工、金属冶炼、建材、化工等劳动密集型行业，企业数量占规上工业企业数量的 56.3%，从业人员数量占工业从业人员总数的 63.5%，实现的工业增加值占工业比重为 33.1%；电力、装备、医药、电子、稀土等资本科技型产业企业数量少、总量规模较小，占工业增加值比重为 20%，企业数量占规模以上企业数量的 21%。2018 年全区战略性新兴产业增加值占规模以上工业增加值的比重为 10% 左右，较全国平均水平低 4 个百分点左右。全区文化产业增加值占 GDP 比重为 3.5% 左右，低于全国平均水平 1 个百分点。全区文化、体育和娱乐业增加值占服务业增加值比重仅为 1.3% 左右，较全国平均水平低 4.28 个百分点。产业是内蒙古经济高质量发展的基础，产业结构调整、转型升级的好坏、快慢决定了内蒙古高质量发展的成色。如果这一矛盾解决不了或解决不好，将使内蒙古发展更加被动，不但会进一步拉大与全国平均水平的发展差距，而且会很难紧跟时代步伐。过去内蒙古产业体系的构建，靠的是资源禀赋，靠的是通过对内对外开放承接产业投资和产业转移。我国正进入继上一轮劳动密集型产业转移后新一轮重化工和制造业转移的周期，为适应高质量发展新要求，国家从战略布局方面提出了深入推进长江经济带战略和加快京津冀协同发展等一系列重大战略部署。受此影响，东南沿海以及京津冀等地区出现了重化工业和部分制造业向外转移的新趋势，中西部成为承接这轮产业转移的首选地。因此，未来内蒙古加快转型升级步伐，还是需要加大开放的力度，拓宽开放的广度，加速承接产业转移进程（见图3-1）。

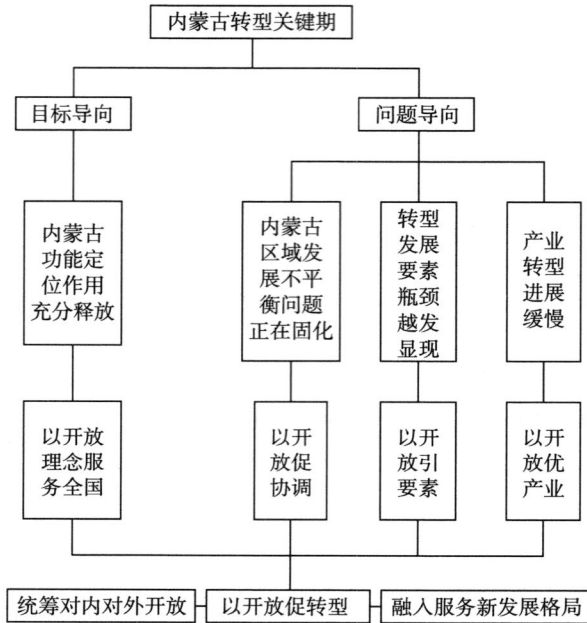

图 3-1 内蒙古转型与开放关系

第二节 以开放型经济的战略转型助力内蒙古调整转型

一、从以我为主到战略对接

回顾内蒙古全面开放发展历程，内蒙古开放发展依靠自身的口岸优势和特色产业，开拓了国内国际两个市场，特别是自 2000 年以来，国内对资源重化工产业的需求量"井喷"，内蒙古特色产业得到有效发展。我国加入 WTO 后，口岸功能得到充分释放，形成了经二连浩特和满洲里的经贸大通道，内蒙古外向型经济不断取得新成就，对外经济技术合作取得新进展，合作领域持续拓宽，推动了内蒙古经济转型，实现了内蒙古经济的快速发展。实践证明，内蒙古开放发展和转型发展离不开全国市场对内蒙古的需求、离不开区域的帮扶协作、离不开国际市场的开拓。

随着改革开放的深入，国家区域发展战略不断完善，特别是自党的十八大以来覆盖南北方、横贯东中西部的区域发展战略全面落地，党的十九届五中全会继而提出构建以国内大循环为主体、国内国际双循环相互促进的新发展格局。未来各地区资源要素竞争更加激烈，要素流动加快，如果内蒙古仅从自身发展角度出发，与国家战略和政策的响应不足，可能会持续面临要素流失的压力，转型发展会难上加难。因此，内蒙古开放型经济发展必须统筹对内对外开放，从以我为主转向与国家发展战略的全面对接，与主要经济腹地对接，在区域发展中寻求产业升级、技术合作以及转型发展的机遇。对此，内蒙古要借助中国与俄蒙两国在经贸领域的顶层设计与合作机制，主动融入国家"一带一路"倡议，立足中蒙俄经济走廊战略节点优势，筑牢国家向西、向北开放的重要战略平台；深入贯彻落实黄河流域生态保护和高质量发展战略，积极对接京津冀协同发展、长江经济带和新一轮西部大开发、东北振兴战略，打造环渤海地区沿海开放的重要腹地、沿边开放的重要前沿；对接国家西部陆海大通道建设，打造有机衔接"一带一路"的国际陆海贸易新通道；借助我国合作政策机遇与枢纽，参与东北亚、中亚、东欧等国际区域合作，密切同粤港澳大湾区的交流合作。

二、从开放末梢到开放前沿

我国开放发展基本经历了东南沿海—沿海—东部地区—中部地区—西部地区

循序渐渐的过程。由于内蒙古地处沿边地区，外向型产业发展不足，加之相邻的蒙古国、俄罗斯地区市场需求较少等原因，改革开放以来的相当长一段时期，内蒙古与国内、国际市场的联系较少，基本上处于开放的边缘和末梢。直到 20 世纪 90 年代，国家开始实施沿边开放政策，随后西部大开发、东北振兴、"一带一路"以及中蒙俄经济走廊建设等国家重大战略陆续实施，内蒙古在全国开放大局中的作用逐渐显现。在此期间，内蒙古先后开通 19 个口岸，我国向北开放的门户逐渐打开。同时，内蒙古依托自身区位优势以及对蒙俄的枢纽大通道条件，全面推进中欧班列常态化运行，辐射范围不断扩大，实现了与渤海、长三角、珠三角地区铁路或陆海联运跨省运输，内蒙古已成为中欧班列出入境黄金枢纽，开始从我国开放的末梢日益走到前沿。2014 年习近平总书记在内蒙古考察时指出，"要通过扩大开放促进改革发展，发展口岸经济，加强基础设施建设，完善同俄罗斯、蒙古国合作机制，深化各领域合作，把内蒙古建成我国向北开放的重要桥头堡"。自此，内蒙古成为我国全面开放的重要一环。

未来，随着我国加快构建以国内大循环为主体、国内国际双循环相互促进的新发展格局，京津冀协同发展、新一轮西部大开发、东北振兴、"一带一路"倡议、长江经济带建设、黄河流域生态保护和高质量发展等国家区域发展战略将深入实施，交通基础设施将持续改善，将从整体上优化经济发展空间格局，构建我国经济新版图，而且正在培育新的增长点、增长极和增长带，促进内外经济互联互通、共赢发展，这使西部地区正在成为我国经济发展最大的战略纵深和回旋余地，成为拓展开放型经济广度和深度的主攻方向。在此背景下，地处祖国北部边疆的内蒙古在我国对外开放和区域协调发展中的地位和作用更加凸显。内蒙古未来要继续挖掘区位优势、通道潜力，持续在中蒙俄经济走廊建设中实现突破，加快外向型产业集群建设，更好地服务和融入新发展格局，这是内蒙古发展的时代任务。

三、从经济开放到全面开放

从我国改革开放40多年的历程看，伴随我国对外开放的持续推进以及经济实力和影响力的不断提升，我国的对外开放逐渐从经济领域的开放转向经济、科技、文化、卫生等多领域的全面开放。同时，中国特色社会主义建设也从以经济建设为中心逐渐形成经济建设、政治建设、文化建设、社会建设、生态文明建设"五位一体"总体布局。其中，文化建设也成为国家"软实力"建设和展现国家形象的重要方面。因此，在经济开放的过程中，国际文化交流也越来越频繁。截至2017年，我国已与157个国家签署了文化合作协定，累计签署文化交流执行计划近800个。自党的十八大以来，中国文化年（节）系列活动绽放五大洲，中俄、中美、中欧、中阿、中非等文化交流合作机制向更高层次发展。2017年，我国出国留学人数首次突破60万大关，达到60.84万人，同年共有来自204个国家和地区的各类外国留学人员48.92万人在31个省（区、市）的935所高等院校学习。在此过程中，内蒙古的开放也从经济领域延伸到了文化、科技和教育等多领域，举办乌兰巴托—中国内蒙古文化周，在俄罗斯开展中国文化节、内蒙古文化周活动。内蒙古在校的蒙古国留学生达1700多人，占内蒙古自治区留学生总人数的73%，内蒙古每年为蒙古国来自治区就读的留学生提供各类奖学金1200多万元。

《中华人民共和国国民经济和社会发展第十四个五年规划和2035年远景目标纲要》（以下简称"十四五"规划纲要）指出，要架设文明互学互鉴桥梁，深化公共卫生、数字经济、绿色发展、科技教育、文化艺术等领域人文合作，加强议会、政党、民间组织往来，密切妇女、青年、残疾人等群体交流，形成多元互动的人文交流格局。这意味着，未来在全面开放的进程中，文化等领域的交流会更加丰富。内蒙古作为我国向北开放的桥头堡，中蒙俄经济走廊建设的推动者、参与者，要尽快在人文交流中体现内蒙古的价值和功能，加快建设中蒙俄经济走廊的国际交往枢纽。自"一带一路"倡议提出以来，沿线各个节点城市，如北京、广州、成都、杭州、重庆等，根据各自的地缘、利益等因素纷纷提出了建设对外开放中心或国际交往中心的规划。内蒙古作为我国向北开放的桥头堡，与蒙古国、俄罗斯接壤，人员往来频繁，文化交往深厚。内蒙古应发挥地区整体优势，以"向北开放"为核心，合理规划，打造中蒙俄经济走廊的国际交往枢纽。

四、从点状开放到全域开放

内蒙古开放初期主要以边境口岸等点状开放为主。随着中国对外开放向内陆省会城市和沿边地区发展，内蒙古口岸开放也逐步展开：1989 年，开放了对苏联的满洲里铁路口岸以及黑山头和室韦两个水运口岸；1990 年，对蒙古国的二连浩特铁路口岸开放；1992 年，国家实施沿边开放战略，将满洲里、二连浩特设为沿边开放城市，同时还开放了满洲里和二连浩特两个公路口岸作为常年国际开放口岸，同年还开放甘其毛道、珠恩嘎达布其和阿日哈沙特三个公路口岸为对蒙双边季节性开放口岸。另外，还开放了呼和浩特和海拉尔两个航空口岸。2001 年中国加入 WTO 之后，对外开放力度加大。随着俄蒙经济发展与对外合作的加强，内蒙古口岸开放进入升级发展阶段。首先，开放口岸的数量和种类增加，如 2005 年策克公路口岸常年开放、2009 年满洲里航空口岸、满都拉季节性公路口岸和额布都格双边季节性水运口岸开通；其次，开放口岸升级，包括将季节性的口岸升级为常年口岸、双边的常年口岸升级成国际性的常年口岸。内蒙古早期开放主要以口岸为突破口，通过口岸来进行边民互市贸易和货物进出口，呈现出点状开放特征。随着开放范围的扩大，国家海关特殊监管区相继在内陆设立，全国各城市依托各自产业开始开拓国际市场，内蒙古经贸格局全面打开。与全国其他地区一样，内蒙古各盟市也开始了外贸活动，至此，内蒙古全域开放的格局渐渐展开，基本形成了以呼包鄂为核心，以二连浩特和满洲里为支点，以各盟市为支撑的对外开放格局。

习近平总书记在庆祝改革开放 40 周年大会上的讲话中指出，我们统筹国内国际两个大局，坚持对外开放的基本国策，实行积极主动的开放政策，形成全方位、多层次、宽领域的全面开放新格局。未来国家全面开放将继续向纵深拓展，这也给内蒙古全域开放、全面开放带来机遇。内蒙古要立足东中西部的基础和条件，统筹和完善全域开放布局：东部地区发挥赤峰、通辽的辐射带动作用，提升赤峰、通辽在内蒙古全域开放格局中的支撑力；中部地区加快释放乌兰察布独特的区位和交通条件，联合二连浩特打造自治区新的开发开放新高地；西部地区加快与国家西部陆海新通道相衔接，形成我国新的经贸大通道。

五、从口岸经济到口腹互动

内蒙古的开放型经济以口岸经济为起点迅速发展起来，但随着开放发展的逐渐深入，以口岸经济为支撑的开放型经济已经难以适应高质量开放的需求，口岸更多提供通道、通关功能。同时，从内蒙古口岸地区的特点看，多数口岸地区生态脆弱，基础设施落后，自身体量难以扩大。内蒙古主要经济腹地外向型产业发展不足，腹地与口岸互动不够。在此背景下，内蒙古提出要着力发展泛口岸经济，在具体对策和措施上，要充分发挥内蒙古陆路边境口岸群的综合优势，整合激活优化存量资源，畅通中蒙俄国际商贸物流大通道，与我国广大腹地形成双向辐射，培育"口岸+通道+贸易+加工"的全新泛口岸经济发展新范式。

从其他地区的经验来看，一个地区或区域的开放型经济水平高，关键在于有强有力的经济腹地或者区域中心城市作为依托，口岸作为良好的服务保障，形成口岸与腹地协同发展的局面。例如，长江流域绝大部分地区，除了可以通过沿江口岸发展对外贸易的区域，都成为沿海各口岸的腹地，而沿江口岸只不过是上海这个中国最大的口岸城市在长江流域庞大的贸易网络中的不同节点而已。这种口岸与其他地区的贸易往来，成为中国各区域经济往来的主要形式。从这个意义上讲，沿边口岸地区作为内因外联的窗口，为腹地对外贸易发展、产业结构调整、经济空间和产业布局优化提供了重要机遇；同时，在沿边口岸地区推动相关产业发展，能够推动腹地传统产业转型与向沿边迁移、技术储备的再利用和人才的区域性流动，为口岸沿边地区崛起提供重要支撑力量。基于此，未来内蒙古推进口腹互动，要发挥口岸节点内外联动功能，以经贸通道为串联，加强口岸与内蒙古腹地的协同、与国内经济腹地的联系、与国际市场的联通，做强内蒙古外向型产业，让更多产品在内蒙古中转、更多产业和技术在内蒙古落地。

第四章　打造中部开放新高地

第一节　乌兰察布建设内蒙古开发开放新高地的战略价值

　　"北京向西一步，就是乌兰察布。"乌兰察布位于内蒙古中部，东靠京津冀、西邻呼包鄂、北依中蒙俄经济走廊、南通中原城市群，不仅是内蒙古东进西出、北开南联的交汇点，也是连接京津冀和呼包银榆两个经济圈协同发展的重要纽带，更是呼包鄂乌、乌大张城市群区域合作发展的重要承载区。乌兰察布还是连接华北、东北、西北三大经济区的交通枢纽，交通优势明显：公路交通方面，京藏（G6）、京新（G7）、二广（G55）等多条国省干道高等级公路在乌兰察布集宁区交汇，高速公路里程居全区前列。铁路交通方面，乌兰察布处于我国铁路网的重要节点，京包等6条铁路线在集宁区交汇，京呼高铁的开通实现了内蒙古中西部地区与全国高铁网直接对接，正在建设的集宁—大同—原平高铁项目是国家规划的"八纵八横"高铁通道之一，成为内蒙古西部地区和山西省综合交通基础设施的骨干线，连接起华北、中原、华中、华南地区，乌兰察布的重要枢纽地位进一步凸显。航空方面，乌兰察布集宁机场是内蒙古第三大机场，正在推进飞行区 4C 升 4E 改造工程，加快航空口岸开放，建设国际快件库、边境仓，推动机场向货运转型，积极发展通用航空，重点建设凉城县、化德县、四子王旗三个支点性通用机场，构建"五主、六辅、多点"的通用航空网络体系。

因此，尽快释放乌兰察布区位交通优势，加快建设内蒙古开发开放高地，对构筑优化内蒙古全面开放版图来讲具有十分重大的战略意义。

一是北上的战略通道。乌兰察布北与二连浩特相连，是我国向北开放，建设"中蒙俄经济走廊"的核心区域。建设中的"三乌通道"（乌兰察布—乌兰巴托—乌兰乌德）要比经满洲里口岸近 1160 千米，有着距离最近、成本最低、速度最快的独特优势，是蒙古国、俄罗斯以及欧洲相关国家产品进入中国大市场的最优路径，也是中国通往蒙古国、俄罗斯和东欧的重要国际陆路通道。这条通道不仅是国内相关省（区、市），也是东亚和东南亚各国开展对蒙古国、俄罗斯转口贸易的理想通道，是打造东北亚合作交流的重要地带，对于推进内蒙古对外开放发展、推动"一带一路"倡议与蒙古国"发展之路"计划和俄罗斯"欧亚经济联盟计划"对接有着十分重要的意义。

二是东进的战略枢纽。乌兰察布既是内蒙古东、西部区域经济合作与交融的结合点，也是呼包鄂榆城市群、呼包银榆经济区及西部沿黄经济带区域进入京津冀的连接口，通过乌兰察布衔接京津冀协同发展战略、融入环渤海发展战略、联通东北老工业基地振兴，不仅可以实现边疆地区、中西部落后地区的区域融合发展，而且可以为京津冀协同发展等战略的实施提供广阔的战略腹地。

三是西出的战略支撑。经乌兰察布西出，既可以服务于黄河生态保护和高质量发展战略，又可以借助横贯我国东西的京藏（G6）、京新（G7）高速公路和京包、临哈铁路以及建设中的包头—银川高铁大通道，构筑起丝绸之路经济带除西安为起点的又一条新的东西向的国际经贸战略大通道，由此西出新疆，进入中西亚，沟通起华北、东北、西北与丝绸之路陆路国家的联系，未来发展潜力巨大。

四是南下的战略节点。从二连浩特出发，进入连接纵深南北的二广（G55）高速公路和集二铁路以及在建的呼和浩特—集宁—大同—南宁高铁形成的交通大动脉，向南经集宁、大同，过黄河、跨长江，可以有效对接国家的东部率先发展、中部崛起、长三角一体化发展、粤港澳大湾区等发展战略，密切同东南亚和港澳台地区的交流合作，拓展向南开放的新空间，成为蒙古国、俄罗斯以及欧洲相关国家产品进入中国大市场的最优路径和重要战略节点。

第二节　乌兰察布打造内蒙古开发开放新高地面临的问题

一、基础设施不够完善

作为京津冀、呼包鄂与俄蒙欧对接的桥梁的纽带，以及中欧班列枢纽节点城市、陆港型国家物流枢纽承载城市，乌兰察布近年来的交通设施已经大大改善，物流业已经迅速兴起，大数据及关联产业集群初步建立，但仍然存在着诸多不完善之处。

（一）公路建设存在突出短板

尽管目前乌兰察布公路建设已经形成网络，但公路总体技术等级偏低，有些公路与途经周边地区交通连接不畅，升级改造面临资金不足和手续审批进程慢等问题。高等级公路里程仅占全市公路总里程的21%，干线公路中的高等级公路占比为78%，公路等级有待提高。公路干线框架已基本形成，但是通往旅游景区和通往农副产品集散地的县乡道建设使用时间较久，需地方自筹经费维护改造，而乌兰察布贫困地区多，财政紧张，筹措资金改善县乡道存在困难。此外，乌兰察布在与周边区域连通上还存在"断头路"，两边路的等级不一样，制约了地区间的合作，如凉城到呼市的等级路还未修通，兴和与张家口地区的"断头路"还未提上日程，这些问题亟待解决。

（二）铁路运输存在制约"瓶颈"

在高铁的带动下，乌兰察布经济前景广阔，但铁路运输仍然存在诸多问题。例如，通过二连浩特、集宁的铁运是俄罗斯和蒙古国的能源、原材料运到中国最为理想的途径，但现阶段集二线的运能较低，影响对外贸易的提升，改造升级迫在眉睫。存在的主要问题是：集二线是单线非电气化铁路，且俄罗斯的铁路轨道和我国的道轨尺寸不一致，货运列车到达二连浩特口岸后，要将原车厢上的货物卸下来，再装到我们的车厢上才能出境，这样就增加了倒装费用，延长了运行时间，还有可能造成原材料因重复倒装造成的破损。

（三）物流信息平台服务不畅

乌兰察布物流业发展迅猛，但是作为新业态的物流业仍然存在诸多制约"瓶颈"，亟待进一步发展。全市公共设施建设较为滞后，社会配套环境建设相对欠缺，集疏运体系不完善，物流"最后一公里"问题依然突出。物流信息平台尚未完全建立，物流企业集约化水平不高，信息系统的落后导致信息资源不能及时共享。多数物流企业只能简单地提供物流运输和仓储服务，而在流通加工、物流信息服务、物流成本控制等增值服务方面还比较欠缺。

二、开放平台功能不全

（一）国际航空口岸审批进程慢

乌兰察布集宁机场于2012年5月开工建设，2015年10月建成，2016年4月25日实现正式通航。航站楼建设面积3.57万平方米，飞行区跑道长3200米、宽45米，2条垂直联络道，飞行区指标为4C，站坪面积7.3万平方米，设7个近机位和 2 个远机位，机场停车场 2.4 万平方米，航管楼 1200 平方米，综合服务设施 2.4 万平方米。2018 年，乌兰察布开始申请开放航空口岸，开通国家航线，打造中蒙俄空中货运通道，目前开放航空口岸的请示已上报国务院及国家口岸办，正在等待海关总署等国家有关部门的进一步批复意见。

（二）物流园区和铁路口岸资质等支撑性配套条件不足

许多从事药品、粮食、跨境电商、水果、肉类等生产、贸易和保税加工的企业希望搭乘中欧班列进出口货物，但由于目前乌兰察布铁路口岸尚未获得药品、粮食、肉类、水果、国际邮包等指定口岸资质，在一定程度上制约了班列的发展。

三、对外开放服务滞后

乌兰察布对外开放仍需提高服务水平，其中行政服务、政策配套、协调机制、企业自身发展水平、商贸效率等方面仍存在诸多问题。

（一）行政服务方面

目前，乌兰察布办理项目的手续涉及部门多、手续繁杂、办理周期长，而且不少手续是单线式办理或互为前置条件，手续办理难，一时难以全部完成，严重影响项目进度；审批层级多、项目审批难、落地慢。土地报批、林草地报批、规划调整等都需要在自治区相关部门办理，一些手续在一个机构内要经过十多个业务部门联审。

（二）政策配套和执行方面

招商引资项目都需要强有力的优惠政策吸引，但目前乌兰察布制定优惠政策时都会涉及资金减免、奖励等方面的问题，这些问题比较复杂，在政策出台和执行时会遇到诸多阻碍，使优惠政策体系不完善。

（三）协调机制方面

尽管乌兰察布主动为企业发展提供助力，但出于国内、国际的各种原因，协调存在较大困难，协调机制仍然不够畅通。例如，目前"三乌"公路运输通道已经打通，但在蒙古国的司机保险及签证上存在国家之间沟通、协商的问题，遇到很多障碍，推进缓慢。

（四）企业负担方面

乌兰察布有诸多的特色企业继续发展壮大，而企业发展需要诸多政策的支撑，减轻企业负担、为企业营造良好的环境是促进企业良性发展的基础，但目前仍然存在一些问题，如企业的耕地占用税、林草地占用补偿费等，企业普遍反映办理的程序多、费用比较高、负担重，在某种程度上制约了乌兰察布特色企业的进一步发展。

（五）商贸效率方面

外商往来交通不便且过关手续烦琐，如落地乌兰察布的雅宝路，最初每个月来的外籍客商有 5000 多人，俄罗斯、蒙古国等东欧国家的商人主要采购皮衣等皮货，但由于无直达航班等原因，外籍客商无法直接在乌兰察布降落，只能先到呼和浩特或北京，然后转乘火车到集宁采购，但外籍客商需通过护照坐车，且需经过一系列烦琐的检查，导致来雅宝路采购的外籍客商越来越少，现在已降到了几百人。

四、区域合作机制欠缺

尽管乌兰察布对外区域合作机制已经展开，但由于行政区划、地理区位、政策措施等原因，地区之间的通力合作仍有一个完善的过程。

（一）"乌大（大同）张（张家口）"合作缺乏高层面的有力支持和推动

"乌大张"合作是一个跨省（区）的合作，相当于三省（区）的合作，离不开三省（区）相关部门的支持。但在内蒙古自治区层面，对"乌大张"区域合作缺乏明确的支持。特别是省（区）一级的协调推进机制还没有真正建立起来，导致在具体的合作当中遇到一些瓶颈。

（二）中欧班列与沿线相关国家在运价、安全、海关监管、信息共享、执法互助、检验检疫等方面统一协调机制不够完备

中欧班列的开行涉及国家、机构和部门众多，在境内外换装和通关等方面的时间拖沓问题不同程度地存在，任何的标准化差异和不稳定都会导致中欧班列通行受阻，影响班列开行的稳定性和时效性，降低客户的满意度。因沟通不畅等形成的新问题已成为乌兰察布中欧班列提档升级的隐忧。

第三节　推进乌兰察布与二连浩特一体化发展是打造内蒙古中部开发开放新高地的重要途径

一、乌兰察布与二连浩特具有较强的互补性

二连浩特是对外开放的窗口和桥头堡，口岸经济是其重要的发展支撑。但就目前看，二连浩特经济基础薄弱、承载力差，总量较小、产业单一，对外贸易加工难以形成规模，影响口岸功能发挥。相对于二连浩特，乌兰察布区位交通优势明显，劳动力资源充足，人才吸附能力较强，城市发展和产业基础较为成熟，基础设施与贸易集散运输等功能相对完善，进出口贸易和加工能力较强，是中欧班列唯一地级城市始发地。但乌兰察布对外开放发展空间局促，出口通道不畅，缺乏对外平台，口岸、国际航空线路和货运资质、自贸区还有待建立和申办。尽管两者有互补性，但受现有行政管理格局的影响，两地难以形成发展合力，不仅制约着国家构筑开放发展新高地的进程，也制约着内蒙古服务于国家区域发展重大战略的实施，同时也拉低了国家陆港型物流枢纽联动建设的效率。因此，要发挥乌兰察布、二连浩特在国家对外开放和区域发展中的战略枢纽作用，就必须整合

资源，推进乌兰察布与二连浩特一体化建设。

二、推进乌兰察布与二连浩特一体化的基本途径

（一）发展规划一体化

统筹对内对外开发开放两个大局，以战略通道和区域发展为支撑，统一制订两地对外开放、产业发展、生态安全、城市建设、社会发展等一体化发展规划，大力发展以进出口资源落地加工为主、与腹地联动发展的泛口岸经济，完善全方位对外开放合作新格局。

（二）基础设施一体化

建设以集宁为中心、以"三乌通道"为重点、以立体化交通网络为途径的内蒙古中部交通枢纽和国家对俄蒙欧开放的大通道。规划提升现有铁路等级并谋划集宁到二连浩特的高铁建设，让口岸与国家高铁网络对接；完善沿边高速公路、国道、省道建设，提升乌兰察布机场等级，建设机场、铁路、公路互联互通的综合联运体系。共建信息网络基础设施，加快信息产业、智慧城市特别是5G网络及应用设施的布局建设。

（三）产业分工一体化

发挥各自的比较优势，开拓国内国际两个市场，优化产业结构，对进出口贸易和加工、清洁能源建设、农畜产品加工要合理分工，提升口岸服务功能，推进陆港、空港与口岸联动发展，实现由"通道经济"向"落地经济"的转变，打造引领内外、联动开放的呼包鄂乌经济区。

（四）物流布局一体化

2019年，乌兰察布—二连浩特陆港型（陆上边境口岸型）物流枢纽入选第一批23个国家物流枢纽建设名单，成为国家向北向西对外开放发展新的重要支撑。乌兰察布聚焦集散和加工，二连浩特专注口岸服务，两者扬长避短、密切配合、相互支撑、相互促进，口岸与内陆枢纽联动发展，最终实现国家物流枢纽与

区域经济的有效融合，放大国家物流枢纽效应。围绕贸易的自由化、投资的便利化，统一布局、建设境内外物流园区，加快对外贸易、对外服务的一体化，高效联动建设一体化的国家物流枢纽。

（五）城市布局一体化

科学规划乌兰察布、二连浩特城市建设，针对二连浩特城市规模小、实力弱、人口少的特点，应以集宁为区域中心城市，把二连浩特建设成集宁的副中心，以强带弱，构建新的城镇体系和产业发展支撑体系，提升人口与产业聚集的承载能力，增强中心城市产业、金融、人才、服务的吸引辐射功能，带动二连浩特城市发展。

三、行政区划整合是实现一体化发展的关键所在

各地发展的实践为乌兰察布与二连浩特行政一体化提供了经验参考。如呼包鄂协同发展作为内蒙古自治区党委、政府决策提出已近十年，但发展成效甚微，三地发展规划、产业取向、园区建设、项目投资难以统筹。究其原因，关键在于行政管理区划分割、行政分治，没有形成1+1+1>3的发展效应，难以实现产业共推、市场共建、环境共治、服务共享的一体化管理。同样，国家批复的呼包银榆经济区建设，由于存在省（区）之间的行政管理、协调，经济区协同发展没有实质推进。因而，要实现乌兰察布与二连浩特的一体化发展必须进行行政区划的整合。

实现乌兰察布与二连浩特行政一体化，可以破除行政壁垒，为内蒙古推进开放开发和更好地承担服务国家区域协调发展的战略任务提供诸多便利。其有利于完善区域经济格局、沟通重点经济区域、推进区域战略合作，形成内蒙古与周边区域协调发展的新增长极；有利于基础设施互联互通，彻底解决对外道路运输瓶颈，提高中欧班列中通道运输效率，加快集二线电气化改造和"三乌通道"高效运营，提升国内铁路干线网络与西伯利亚铁路干线通道的对接能力，实现沿边

地区通江达海、互联互通；有利于优化产业空间布局和转型升级，实现外贸进出口货物加工、仓储、运输的合理分工，使乌兰察布、二连浩特成为北方中欧班列集散中心、产业集聚中心和信息共享中心；有利于生产力要素的优化配置，实现产业园区、区域科技创新体系、人力资源市场和资本市场共建；有利于开发开放、互促互进，形成安全高效的对外贸易体系，推进呼和浩特—乌兰察布—二连浩特联合建设自贸区；有利于高效建设国家陆港型物流枢纽，打造国际贸易、现代物流、进出口加工业联动的新型示范基地和能源供应保障基地，带动内蒙古中部对外产业和贸易的发展；有利于实施科学高效的行政管理，提升金融服务效率，调整口岸功能，发挥集宁的海关作用，使口岸与腹地城市高效联动、繁荣发展。

乌兰察布与二连浩特两地民心相通，曾属同一行政区划，乌兰察布具备管辖二连浩特，实现行政一体化发展的良好基础；从当地经济发展来看，乌兰察布对二连浩特的影响更大，作用也更直接，两地区位互补、交通同向、资源共生、市场互依，二连浩特的对外发展更多依赖乌兰察布的资源、市场、人力和产业，与锡林郭勒盟内其他地区的经济联系有限。因而，行政整合不仅不会影响锡林郭勒盟经济和社会的发展，而且更有利于内蒙古全面统筹协调，凸显乌兰察布与二连浩特在对外开放和区域经济发展中的战略地位和作用，其意义不可估量。

第四节 乌兰察布打造内蒙古开发开放新高地的策略

一、建设新通道

（一）建设开放的交通新通道

以公路、铁路、航空等基础设施互联互通为前提，推动形成开放的交通新通道。公路通道建设方面，在目前 3 条国省干线通车的基础上，加强乌兰察布与大同、张家口三地交通的互联互通，完善三个地区的省际通道、国道，推进三地路网对接。推进乌兰察布—乌兰巴托—乌兰乌德"三乌"陆路通道建设，协调解决司机签证事宜，实现无车承运早日开通。铁路通道建设方面，积极解决与二连浩特铁路运输"瓶颈"，推进集二铁路电气化改造，提高中欧班列中通道运输效率，加强国内铁路干线网络与西伯利亚铁路干线通道的对接能力，形成乌兰察布—二连浩特—乌兰巴托—乌兰乌德—莫斯科—华沙的中蒙欧国家物流大通道。

（二）建设"三港"新通道

在开放的新通道基础上，应在发展"三港"经济方面下功夫，在努力促进公路港、铁路港、航空港建设的同时形成"三港"新通道。公路港方面借鉴中欧班列补贴，探索和争取"三乌"通道公路货运补贴，大力提高运力，增加运量，实现俄蒙欧货物在乌兰察布集散分拣；铁路港的建设应加快建设 B 型保税物流中心海关信息系统等模块，整改完善软硬件设施；航空港的建设需继续推进航空口岸申报审批进程，加快推进乌兰察布机场临空产业园区建设，同时建议内蒙古将乌兰察布国际机场纳入"十四五"规划改造升级，建设开放新通道。

（三）建设物流新通道

在促进物流业高速发展的同时要构建物流新通道，开发面向国内市场的国家物流枢纽新平台。向东面向京津冀、环渤海地区，重点围绕矿石、煤炭等大宗商品的贸易合作，结合天津港、曹妃甸港在乌兰察布内陆港建设，连接天津、唐山（曹妃甸）等港口型枢纽承载城市，打通多式联运物流大通道，构建跨境双向物流服务体系，也为蒙俄两国发展国际贸易与国际物流打通出海口；向南面向华中、华东地区，重点围绕轻工业品和快速消费品，连接太原、石家庄、郑州、临沂、义乌等生产商贸型枢纽承载城市，构建北方集散分拨中心以及内陆腹地通往俄蒙欧的主干陆路物流通道；向西面向呼包银榆经济区，重点围绕重工业产品，连接包头、鄂尔多斯等生产型枢纽承载城市，同时沿京包、包兰、兰新铁路实现华北、西北的枢纽衔接。加强国家向北开放桥头堡功能，加快向北开放物流枢纽基地建设和功能完善，加强与二连浩特的合作，做好从二连浩特出入境集装箱报关、报检等业务，积极参与莫斯科、乌兰乌德、乌兰巴托等中欧班列境外节点城市建设物流园区，积极打造中蒙俄"三乌"（乌兰察布、乌兰乌德、乌兰巴托）通道，努力将乌兰察布建设成为祖国向北开放的国际物流枢纽节点和"中蒙俄经济走廊"的重要国际物流基地。

（四）打造泛口岸经济新通道

在发展泛口岸经济方面亦应开放新通道，按照内蒙古打造呼包鄂乌经济协作区的发展要求，加快与二连浩特合作，有效整合乌兰察布与二连浩特口岸功能，让口岸与腹地城市形成有效联动，把乌兰察布打造成为中欧班列集结中心、产业集结中心和信息共享中心。

二、打造新平台

（一）物流枢纽建设

近年来，在乌兰察布市委、市政府的坚强领导和强力推动下，乌兰察布加快了开放平台载体的建设：七苏木保税物流园区（B型）当年建设、当年申报、当年验收，"乌兰察布—二连浩特"列入国家陆港型（陆上边境口岸型）物流枢纽建设名单，北方陆港取得"三乌"国际通道运输许可，机场口岸建设取得积极进展。这为接下来的开放发展奠定了坚实的基础。要进一步建设和完善相关平台载体，重点建设和完善七苏木物流园区的铁路口岸物流、进出口加工、保税仓储、国际贸易和服务贸易等功能，围绕临空产业园区积极培育发展航空市场，围绕北方陆港发展国际公路货运仓储物流，进一步加强与二连浩特的经济合作，全力打造国家向北物流枢纽。同时，建议积极研究设立自由贸易试验区的可行性，争取适时启动申报。

（二）以集宁为中心，建设物流、贸易、产业联动的新型示范基地

乌兰察布—二连浩特联动建设国家物流枢纽，应充分发挥乌兰察布区位、交

通、能源、土地、物流园区和大数据产业等多方面优势，对接国内国际双向市场需求，承接京津冀等地区中高端制造业产业转移，推动建设现代国际贸易物流、进出口加工、特色产业联动的新型示范基地。如依托俄罗斯进口木材贸易和乌兰察布北方木材家居产业园，建设以森诺为龙头的木材交易和加工基地，吸引更多的品牌企业入驻园区，形成集原材料进口贸易、木材加工、产品研发设计、成品生产制作、内外贸易合作的产业发展机制。要完善邮政电商快递产业园功能，增强物流枢纽的调配能力。尽快完成邮政电商快递产业园消防验收工作，满足大型运输车辆安全通行，继续引进快递企业、物流企业入驻园区，增设安检系统，承担好全市所有进出港快件分拨和过机安检任务，提高邮政物流分拨量。要鼓励本土企业开展国际物流业务，扩大对外贸易的渠道和领域。

三、凝聚新动力

打造开发开放新高地，要围绕特色优势产业，加快打造特色产业集群，为对外开放提供基础性支撑。

（一）夯实第一产业

重点引领优势产业做强、特色产业做新，确保一产高质量发展。要继续深入对马铃薯产业发展战略的研究和谋划，努力实现马铃薯产业新突破，形成独具特色的集良种繁育、商品薯种植、专用薯加工、优质薯仓储销售等全过程产业链，实现由马铃薯大市向马铃薯强市转变。要在订单种植上下功夫，推动新鲜净菜、加工配送为主的蔬菜"中央厨房"和设施农业建设上有新升级，不断延伸产业链，实现特色冷凉蔬菜种植向新特蔬菜基地转变。继续做大做强肉牛、肉羊、肉猪等优势产业，做优畜牧业，提高竞争力，推动畜牧业向优质高效方向发展，实现传统畜牧业养殖向规模化、标准化、品牌化转变。

（二）调优工业经济

做好淘汰落后产能这篇硬文章，用市场化、法治化手段坚决化解和淘汰一批过剩产能，加快钢铁、水泥等落后产能淘汰步伐，确保完成去产能任务。做好传统产业延伸升级这篇大文章，冶金产业要重点推动炉型改造，促进铁合金产业在降能耗、增技术、促产能上有新的突破。化工产业积极向高附加值产品领域拓展，不断发展壮大氟化工循环经济。重点支持石墨烯的开发，构建磷酸铁锂正极材料、石墨负极材料、含氟介电材料全产业链。做好培育新型产业这篇新文章，大力培育新产业、新动能、新增长极。加快高压化成箔项目建设和推进步伐，建设全国重要的高压化成箔基地。要全力推动现代装备、新材料、生物制药、节能环保等新兴产业规模化、高端化、绿色化发展。做好新能源经济这篇好文章，全力推进风光互补综合能源基地项目。

（三）做"活"第三产业

大力发展大数据产业，加快华为、苹果、阿里等数据中心建设进度，加大引进国内外先进数据中心项目力度，推动大数据向各领域各行业全社会深度融合，建设国家大数据云计算产业基地。大力发展大物流产业，依托陆港型国家物流枢纽承载城市、中欧班列铁路枢纽节点城市和入选首批国家物流枢纽建设名单优势，加快七苏木国际物流园区、北方陆港国际物流中心建设和发展步伐，积极壮大红星美凯龙、集宁国际皮革城为主的专业市场，努力培育汽配、建材、药材等新型市场。大力发展大旅游产业，以"中国最美养生休闲旅游城市"为品牌，突出避暑游、自驾游、红色文化游、冰雪游等主题，新建和改造一批重点文旅休闲项目，加大旅游配套设施建设力度，增加游客参与感和体验感，为大旅游的快速发展奠定坚实基础。开展好精品景区和精品线路创建行动，推进景区提档升级。提高知名度、增加美誉度，积极培育旅游消费市场，打造国内知名的特色旅游目的地、全域旅游示范区。大力发展康养业，加快发展壮大医养一体化项目，积极引进一批国内先进养老养生企业落户乌兰察布，承接好人口老龄化健康养老产业。

四、发展新机制

把乌兰察布建设成为内蒙古开发开放新高地，不仅需要好的政策措施、投资环境、发展动力，还需要乌兰察布构建出可以与国内、国外展开多角度合作的新机制与之相配合。

（一）发展对内合作新机制

要构建融入京津冀协同发展战略和拓展乌大张区域合作的新机制。随着京津冀协同发展和京蒙帮扶工作的不断深化，乌兰察布已成为北京非首都功能转移和京津冀产业转移的重要目的地，与北京在农产品供应、商贸物流、科教文卫等方面合作日益紧密。一是谋实抓好帮扶项目，力促早开工早见效。紧紧围绕资金支持、产业合作、劳务协作、人才交流、社会援助等方面内容，认真谋划新项目，提高项目管理精细化水平，对在建项目定期督查、公开晾晒、预警评价，紧盯项目进展和实施效果，扎实推进京蒙项目落地生根、开花结果。二是强化产销无缝对接，加大消费扶贫力度。按照"政府搭台引导、社会力量协同、主力市场支撑、多元渠道帮销、形成品牌发展"的工作思路，做好产、供、销全链条服务，提升乌兰察布农副产品组织化、产业化、品牌化水平，提高农特产品的竞争力和美誉度。三是推进人才双向交流，继续推进专业技术人员双向交流，积极争取医疗、教育、科技等专业技术人员赴京培训机会，通过"请进来教""走出去学"两种方式，全面提高专业技术人员业务水平和实操能力。

（二）创新对外开放新机制

乌兰察布应以建设自贸区为突破口，探索开发开放发展新机制。加快乌兰察布联合呼和浩特、二连浩特申请建设中国（内蒙古）自由贸易试验区片区的进程，充分发挥乌兰察布得天独厚的区位优势，加强基础设施互联互通，规划建设新型开放合作平台。要主动参与国家"一带一路"倡议和"中蒙俄经济走廊"建设。乌兰察布紧贴开放前沿，与俄罗斯、蒙古国及欧洲贸易流通日益紧密，需要建立更广阔、更便捷的对外开放平台，加强与毗邻国家的协调、联系和贸易合作。要落实与蒙古国乌兰巴托、俄罗斯乌兰乌德签署的商品交易会协议书，办好每年定期在乌兰察布举办的商品交易会，总结成功承办中蒙博览会的经验，推动中蒙俄及东北亚各国间实现更大范围、更高水平、更深层次的交流合作；要探索建立高效便捷的经贸通道，满足中蒙俄特色商品交易及国际贸易需求，切实解决蒙古国、俄罗斯和欧洲各国参展商来往乌兰察布交通不便、成本高、时间长等问题。要鼓励企业开拓国际市场，支持重点进出口行业企业组团参加境内外各类展览活动。对参加乌兰察布重点组织的境内外展会和对接活动统一宣传、形象展示、公共布展费用及展位费给予全额补贴，对参加乌兰察布重点推荐的国家、内蒙古自治区境内外展览和对接活动，其展位费在国家、内蒙古自治区补贴的基础上不足部分由乌兰察布市承担。

五、树立新模式

开发开放新高地建设是一个新发展理念，是一个国家或地区繁荣发展的必由之路。作为内陆地区，开放不够、国际化水平不高，仍是乌兰察布的短板。乌兰察布必须继续拓宽开放领域，加深开放层次，释放开放红利，树立新模式，加快打造全区开发开放新高地。

（一）加快区域一体化发展步伐

加强与周边地区及国内各省市的区域合作。目前，区域合作模式主要包括乌大张区域合作、呼包鄂及乌兰察布协同发展、融入京津冀协同发展。

提升乌大张区域合作效能。在国家发展战略的支持下，推进落实乌大张三市签署的43项协议，为保障首都生态安全提供更多的清洁能源；继续做好《蒙晋冀（乌大张）长城金三角合作区中长期战略合作规划》修编推进工作，完善合作区体制机制建设，推动相关合作协议、项目实施。以2022年冬奥会为契机，加快三地旅游精品线路规划，推出惠游一卡通，实现一体化运动。进一步完善交通网络体系，加快推进集大高铁修建进度，提升三地之间以及三地与京津冀三省市的交通便利化水平，促进三地物流业发展。加强生态环境保护合作，以首都两区建设为契机，积极开展跨区域生态环境保护和建设合作。把握国家政策导向，加强三地产业对接协作，特别是文旅产业、制造业等方面的合作，积极鼓励通过委托管理、投资合作、飞地经济等形式共建产业园区。

创新呼包鄂及乌兰察布协同发展。乌兰察布应充分发挥主体作用，促进呼包鄂相关产业产品辐射山西、河北等地区，把乌兰察布打造成连接京津冀和呼包鄂的重要门户枢纽。以呼包鄂及乌兰察布协同发展常态化合作为基础，创新呼包鄂乌等周边城市群的合作交流新模式。着力构建互联互通交通网络，加强生态环境协同保护，加快推进产业对接协作，提升公共资源共享水平，为呼包鄂榆城市群建设和呼包鄂及乌兰察布协同发展做出贡献。通过加强产业分工协作，加快调整优化重大生产力布局。加快公路、铁路、民航基础设施一体化建设，建设覆盖全区域的基础通信网、无线宽带，增强区域经济社会发展支撑能力。

融入京津冀协同发展。要继续积极承接京津冀地区产业转移，借助京蒙帮扶合作机制，全方位对接京津冀地区各类企业，深化与大企业、大集团的交流合作。乌兰察布应紧紧抓住这一千载难逢的战略机遇，加快融入京津冀步伐，努力在新一轮区域竞争中保持优势地位。比如，面向北京方面，主动抢抓北京市城市大变革、疏解首都功能、产业转移、要素外溢的有利时机，承接一些非关国家经济命脉的央企、制造业、公共服务及商贸流通企业，加强与北京市清洁能源、绿色农畜产品方面的供应合作，推进与中关村、大兴区合作共建园区建设；面向天津方面，加强清洁能源、化工、口岸物流、绿色农畜产品产销等方面合作；面向河北方面，在制革产业、装备制造、化工及陶瓷等方面进行合作等。加快基础设施互联互通，加快善丹呼日勒口岸建设，同时争取北京—莫斯科同轨铁路和京呼高铁、集大高铁实现互联互通；以北方陆港和境外物流园区为依托，扩大中俄蒙欧之间的矿产资源、木材、皮芷等进口加工经贸合作。

（二）扩展国际合作，打造对外开放新模式

乌兰察布在完善区域合作的基础上，打造对外开放的新模式，是打造开发开放新高地的重要路径。乌兰察布地处内蒙古自治区东部，与河北省、山西省接壤，是内蒙古距离北京最近的城市。经过一段时间的探索和推动，目前乌兰察布在国内的主要合作区域有蒙晋冀（乌大张）长城金三角合作区、呼包鄂及乌兰察布协同发展合作区。在此基础上，乌兰察布积极推动融入京津冀一体化发展，并探索与长三角、粤港澳大湾区在招商引资方面寻求合作，深度融入"一带一路""中蒙俄经济走廊"建设；加快推进铁路集二线扩能改造，提高国内铁路干线网络与西伯利亚铁路干线通道的对接能力；继续推进航空口岸申报工作，加快建设乌兰察布机场临空产业园和空港保税物流园，打造空铁公一体服务的综合园区；发挥好蒙古国乌兰巴托物流园、北方陆港乌兰乌德物流园和莫斯科向日葵物流园的作用，加强回程货源组织，实现中欧班列重去重回。

第五章　构建西部开放新通道

第一节　构建西部开放新通道的战略意义

随着国家"一带一路"倡议的深入实施，内蒙古阿拉善盟在国家对外开放中的地位和作用日益凸显，有条件实现由开发开放腹地到开发开放前沿的转变，为国家承担更为重要的责任和使命。对此，应充分发挥阿拉善盟的区位等独特优势，以境内口岸为重要节点，以乌力吉—巴彦浩特—中卫铁路建设为突破口，加快南北通道中轴贯通，实现国内外重大交通基础设施互联互通，打造新亚欧大陆桥，构筑并形成以阿拉善为战略枢纽的国际经贸新通道，向北经蒙古国和俄罗斯连接欧洲腹地、向南打通与中原经济区和长江经济带的经济联系，向西对接我国丝绸之路经济带核心区，向东延伸至京津冀及环渤海经济区的综合立体国际经贸通道，推动形成我国区域协同、国内外有效衔接的大物流网络。

一、有利于深度推进我国"一带一路"建设

阿拉善盟处在中国版图的"几何中轴"上，历史上就是古丝绸之路北通道

的重要节点。打造新的亚欧大陆桥，构筑以阿拉善为战略枢纽的国际经贸新通道，有利于在更大范围内促进国内外交通基础设施建设及互联互通，为构筑"一带一路"特别是中蒙俄经济走廊安全高效的经贸能源大通道提供新的选择；有利于将中蒙俄经济走廊与新亚欧大陆桥、中国—中亚—西亚和中巴经济走廊连接起来，将国内经济腹地串联起来，增强"一带一路"建设新的合力；有利于促进"一带一路"沿线国家开展更大范围、更高水平、更深层次的经贸合作，深化在生态、文化、旅游、科技等方面的合作，在规模、质量和效益上迈上新的台阶。

二、有利于完善我国经济总体布局

目前，我国对外开放呈现"东强西弱"的格局，打造新的亚欧大陆桥，构筑以阿拉善为战略枢纽的国际经贸新通道——西翼通道，有利于助推国内、国外两种资源在更大范围内流动和配置，促进国内、国外两个市场在更深层次上融合和利用；有利于一体化发挥乌力吉等口岸的龙头带动作用、重点城市的支点作用、交通干线的贯通作用，将为宁夏、甘肃、陕西、青海等西部省份提供一条通往蒙古国、俄罗斯和欧洲最为便捷的通道，全面提升"一带一路"建设对西部大开发的带动作用，推动西部地区参与国际分工协作，构建东西"双翼"互补的双向开发开放新格局；有利于落实京津冀协同发展、长江经济带等国家发展战略，推动东部、中部和西部发挥各自优势，形成"东中西部互补、南北协调"的经济发展新局面；有利于加强阿拉善盟与成渝、关中天水、呼包银榆、兰西格、宁夏沿黄、陕甘宁、滇中等西部经济区的协作，畅通西部地区与环渤海经济区、中原经济区等国内经济腹地的全方位联系。

三、有利于优化内蒙古开发开放格局

目前，经由满洲里、二连浩特形成了两条欧亚大通道。其中，经满洲里口岸出入境的东通道主要经京沪、哈大、滨州等铁路干线，重点服务于东北、华东、

华中等地区；经二连浩特口岸出入境的中通道主要经京广、集二等铁路干线，重点辐射华北、华中、华南等地区。上述两条欧亚大通道有力地带动了内蒙古东部和中部的对外开放，而拥有策克、乌力吉和甘其毛都等口岸的西部地区开放优势没有得到充分发挥。以阿拉善盟为窗口，与蒙古国进行矿产资源合作，与俄罗斯开展石油、天然气、水资源等的合作，共同进行资源勘探、采掘、开发和利用，相比我国到世界其他地方开发、购买和运输，无论在开发成本、运输距离、来源稳定方面，还是在便利性和安全性方面，都有着明显的优越性。通过构建一条从乌力吉口岸出入境，经蒙古国与俄罗斯通达欧洲的新的亚欧大通道，不仅可以发挥内蒙古西部口岸集聚和辐射带动作用，形成东中西口岸发展互补的格局，带动内蒙古西部地区开发开放，而且能够有效服务西北、西南、华中等地区，从而进一步完善内蒙古对外开放格局。

四、有利于推动沿线经济发展

以阿拉善为战略枢纽的国际经贸新通道覆盖了我国西部地区的大部分省份，辐射全国。通过基础设施的互联互通，形成带动沿线中心城市、重点城镇及所有陆路口岸的开放与建设，推动全境通过、全面覆盖、全线连通的新的经济轴带，有利于推动资金、技术、人才等要素向沿线集中集聚，激发沿线地区发展活力，提升辐射带动能力；有利于提高贸易畅通水平，加快能源、矿产等战略性资源南下东输，加快我国纺织品、机电、建材、装备制造和高技术产品北上西送，降低产业发展成本，推动供给侧结构性改革；有利于优化沿线地区产业分工协作，加强农业、能源、新兴产业等重点领域产能合作，带动沿线地区经济繁荣。

五、有利于为蒙古国南部提供一条新的便捷的运输通道

乌力吉对外辐射蒙古国巴音洪格尔、南戈壁、前杭盖、后杭盖和戈壁阿尔泰5个矿产资源比较丰富的省，不仅拥有富集的煤炭资源，多金属、天然气、油页岩等稀缺资源蕴藏量也十分丰富，铜矿（OT 矿）和未开采的煤矿（TT 矿）储量居全球前列。构筑以阿拉善为战略枢纽的国际经贸新通道，将有效满足蒙古国南部开发开放的需求。同时，乌力吉口岸对内辐射宁夏、内蒙古、陕西、甘肃、青海等重要的蔬菜农副产品生产省份，乌兰巴托至莫斯科沿线辐射蔬果农产品消费人口达 5000 万人左右，通过该通道建设，能够满足沿线地区人民的生活需求。

第二节　构建西部开放新通道的基础和条件

一、区位条件优越

阿拉善盟地处祖国正北方、内蒙古最西端，北与蒙古国交界 735 千米（约占中蒙边境线总长的 1/6），西与甘肃省的河西走廊主要城市毗邻，南与宁夏回族自治区的沿黄城市群相连，位于中蒙俄、新亚欧大陆桥两大国际走廊和国内陇海兰新经济带、呼包银榆经济区的交汇处。经由乌力吉口岸出境的北向通道，只需要途经蒙古国和俄罗斯两个国家即可抵达欧洲，途经国家较少，且文化上较为相近，政治上好沟通，技术上可实现，协调成本较低，经济性和可控性具有一定的比较优势。境内乌力吉口岸处于三大欧亚大陆桥和"一带一路"的重要枢纽节点，通过国内便捷的公路和铁路实现与东部沿海港口及西部新疆阿拉山口、霍尔果斯等重要口岸连通，向南可延伸到陕甘宁青川渝等省区，是实现"北开南联""西进东出"的重要枢纽。

同时，临河至哈密铁路横穿阿拉善盟北部，架起了新疆与华北、环渤海地区的铁路运输新桥梁，向西可通过阿拉山口直抵中亚乃至欧洲，向东可抵达天津港，是阿拉善最便捷的出疆达海通道，特别是已经开通的临哈高速公路大大缩短了阿拉善与内陆省区以及华北与中亚、欧洲的通行时间。此外，阿拉善盟是全国首个通勤航空试点和县县通飞机的地市级行政区，盟内三旗通勤机场和军用鼎新机场与周边银川、中卫、乌海、巴彦淖尔机场共同形成了八个机场互补的空运网络。随着北京至新疆高速公路、巴彦浩特至银川快速铁路、通勤机场升级国家支线机场等一大批规划项目的落地建设，阿拉善的区位交通优势将会更加凸显。

二、口岸地位重要

策克口岸是国家一类、内蒙古自治区第三大常年开放陆路口岸，主要功能是进口蒙古国的煤炭资源，开关 24 年来累计过货 7700 多万吨，实现贸易额 40 亿美元。内蒙古"十四五"规划也明确提出要"提升策克等边境口岸服务支撑能力""提升策克等口岸开放水平"。乌力吉口岸是双边性常年开放公路客货运输口岸，距北京 1200 多千米，西侧和东侧 380 千米处分别与策克口岸和甘其毛都口岸相呼应。策克口岸和乌力吉口岸对应蒙古国的南戈壁省是金属资源和煤炭资源的富集区，铜矿和未开采的煤矿储量居全球前列。

三、土地资源丰富

阿拉善盟总面积 27 万平方千米，未利用土地面积 21.6 万平方千米，人均土地面积 1.125 平方千米。乌力吉口岸所处的乌力吉苏木面积 14347 平方千米，人均拥有面积 7 平方千米，阿拉善盟地广人稀、土地开阔平坦，为发展航空物流、保税园区、物流中心等占地规模较大的产业提供了独有的条件。

四、运距和成本优势明显

重庆—西安—中卫—巴彦浩特—乌力吉—乌兰巴托—莫斯科—鹿特丹（欧洲）通道是从俄罗斯乌兰乌德和蒙古国乌兰巴托进出口货物最短的通道，运距比重庆—兰州—乌鲁木齐—阿拉山口—俄罗斯卡尔塔雷与俄罗斯远东铁路通道少

2400 多千米，运输成本每吨减少 500~1200 元，陆运时间缩短 50 小时左右。从俄罗斯卡尔塔雷建输气管道经哈萨克斯坦到新疆再到宁夏中卫全长 4600 多千米，而从蒙古国南戈壁省建输气管道到宁夏中卫仅需 600 多千米。蒙古国煤炭资源开采成本低，按 2016 年底数据测算，从蒙古国经阿拉善运至重庆，焦煤价格比当地均价低 285 元/吨，动力煤低 50 元/吨。如果在蒙古国内建坑口电厂，以那林苏海特优质弱粘煤为例，发电成本仅为 0.063 元/千瓦时，加上输送成本，到重庆仅为 0.203 元/千瓦时，比重庆火电上网成本低 0.287 元/千瓦时。

五、合作机制初步建立

早在 2014 年 3 月，阿拉善盟就与蒙古国南戈壁省签署了《中华人民共和国内蒙古自治区阿拉善盟与蒙古国南戈壁省建立友好地区意向书》《中国内蒙古阿拉善盟行政公署与蒙古国南戈壁省政府会谈纪要》，确立了阿拉善盟与南戈壁省友好地区关系，商定双方今后在政治、经济、文化、教育、科技、旅游及医疗卫生等方面加强交流合作，为两地产业发展和经济繁荣做出了积极贡献。

第三节　构建西部开放新通道的主攻方向

一、建设新通道

2019 年，我国发布《西部陆海新通道总体规划》，明确提出要通过通道建设密切西北与西南地区的联系，促进产业合理布局和转型升级，使西部陆海新通道成为推动西部地区高质量发展的重要动力。对此，构建西部开放新通道要与国家通道进行深度衔接，让内蒙古西部开放通道的战略价值和意义更加凸显。

　　构筑并形成以阿拉善为战略枢纽的国际经贸新通道——西翼通道，以阿拉善盟为新的国际枢纽，以策克或乌力吉等口岸为主要节点，以贯通南北综合立体交通走廊为重点，加快推进对内对外的公路、铁路、航空、特高压、油气通道的互联互通，推动实现与俄罗斯跨欧亚大通道建设、俄罗斯主导的欧亚经济联盟、蒙古国"草原之路"战略对接互补。在公路通道构建方面，对外从策克口岸或乌力吉口岸出发，向北经蒙古国南戈壁省达兰扎达嘎德、中戈壁省曼达勒戈壁、首都乌兰巴托、色楞格省苏赫巴托尔，最终到达俄罗斯的乌兰乌德与东西向横贯俄罗斯的西伯利亚国家公路相连；对内从策克口岸或乌力吉口岸出发，向南经巴彦浩特、宁夏银川、陕西西安、四川广元、重庆、贵州贵阳、广西南宁，最终到达湛江港等东南沿海地区。在铁路通道构建方面，对外从策克口岸或乌力吉口岸出发，向北经蒙古国南戈壁省达兰扎达嘎德、中戈壁省曼达勒戈壁到达首都乌兰巴托，接入俄蒙铁路，沿色楞格省苏赫巴托尔最终到达俄罗斯的乌兰乌德与东西向横贯俄罗斯的远东铁路相连；对内从策克口岸或乌力吉口岸出发，向南经巴彦浩特、宁夏银川、陕西西安、四川广元、重庆、贵州贵阳、广西南宁，最终到达湛江港等东南沿海地区，其中需新建乌力吉—巴彦浩特—中卫铁路，打通缺失环节。在航空通道构建方面，建设乌力吉国际航空货运专用机场，依托物流保税区、集散中心、分拣分包转运中心等细化功能，对外开通乌力吉口岸至乌兰巴托、莫斯科、柏林、安卡拉、开罗、卡拉其等国际空港航线，对内开通乌力吉口岸至北京、西安、重庆、广州、上海等核心城市空港航线，打造以专业航空货运快递为特点的国际航空货运仓储配送基地。在能源通道构建方面，阿拉善盟光热条件较好，具备建设大型新型能源基地的基础，内蒙古"十四五"规划已经明确提出建设阿拉善盟清洁能源基地，对此要抓住机遇，加快谋划电力外送通道建设。在油气通道构建方面，要推动建设"蒙古国南戈壁省艾马克区域—乌力吉口岸—宁夏中卫市"天然气管线，与建成的西气东输一线、二线、三线和规划在建的西气东输四线在宁夏中卫市汇合；建设"蒙古国南戈壁省艾马克区域—乌力吉口岸—长庆油田"石油管线，与中哈管道共同构成我国西油东送的战略通道。

二、发展大物流

依托交通运输通道，构建以阿拉善为战略枢纽的"一纵三横"大物流网络体系，与国内外各大经济体、经济区搭建起全方位、多角度、宽领域、高密度的运输网络体系，满足"零换乘、无缝隙"的运输需求，实现物流畅通、物资快捷转运的目的。其中，"一纵"是指以策克口岸或乌力吉口岸为节点，向北经蒙古国达兰扎达嘎德、乌兰巴托、色楞格省苏赫巴托尔，到达俄罗斯乌兰乌德与东西向横贯俄罗斯的远东综合交通走廊相连；向南经巴彦浩特、西安、重庆、南宁，最终到达湛江港等东南沿海地区。"三横"分别指：一横交汇点为策克口岸或乌力吉口岸，东向联系临河，与包兰铁路接轨，至京津冀经济圈、环渤海地区；西向联系哈密，与新疆霍尔果斯丝绸之路新通道接轨，进入哈萨克斯坦等国家。二横交汇点为古城重镇西安市，通过陇海综合交通走廊，东向联系中原、华中、华东地区；西向联系青海、甘肃等地区。三横交汇点为山城重镇重庆市，通过长江沿线综合交通走廊，东向联系长江经济带，进入水运；西向联系云贵地区。

加强沿线地区的物流合作，主动加强与国内沿线交通枢纽和重要节点城镇的交流协作，重点建设综合物流园、现代物流园、临路经济开发区，打造综合性物流枢纽，构建公路港、铁路港、航空港综合配套、联动运作、国内国际沟通的现代物流网络。

三、搭建开放平台

加快实施策克口岸、乌力吉口岸及相关园区的水、电、路、讯等基础设施建设和口岸保税仓库、互市贸易区、信息化工程、开发区陆港配套工程。加强内陆口岸同沿海沿边通关协作，有序推进"一站式"通关。依托策克口岸、乌力吉口岸和阿拉善经济开发区陆港，规划建设策克口岸跨境经济合作区、乌力吉口岸自由贸易区、敖伦布拉格国际物流保税区，推动设立特色边贸市场、边民互市贸易区，形成"两口岸三园区一陆港"的空间布局。加强口岸和国际物流园区协同发展，不断完善提升口岸功能。创新贸易方式，发展跨境电子商务等新的商贸业态。搭建贸易平台，举办中蒙俄特色商品展销会等。

四、加强经济协作

按照优势互补、互利共赢的原则，优化产业分工协作，推动沿线国家和地区在能源、矿产等传统产业和新一代信息技术、生物、新能源、新材料等新兴产业领域的深入合作，扩大服务业相互开放，推动跨境旅游业加快发展。加强沿线西部省区与发达地区的交流合作，重点推进在关键技术设备、人才交流与培养、信息咨询服务等方面的合作。促进环渤海经济区、长江经济带等发达地区产业向西部地区转移，鼓励国内外资本到西部地区发展"飞地经济"。推动阿拉善与宁夏、甘肃等周边省区合作向纵深发展，共同打造蒙宁经济合作区、蒙甘经济合作区。

第六章 提升蒙东地区开放支撑力

第一节 提升蒙东地区开放支撑力的紧迫性

蒙东地区包括呼伦贝尔、赤峰、通辽、兴安盟和锡林郭勒盟 5 个盟市，总面积 66.49 万平方千米，占内蒙古自治区总面积的 56.2%；2020 年东部五盟市地区生产总值为 5600.2 亿元，占内蒙古地区生产总值的比重为 32.4%；常住人口 1167.6 万人，占全区的比重达到 48.55%。因此，提升蒙东板块对外开放水平是内蒙古形成全面开放格局、加快蒙东地区发展的必然要求。

一、提升蒙东地区开放支撑力是优化内蒙古开放格局的现实需要

内蒙古"十四五"规划明确指出，到 2035 年内蒙古要形成国内区域合作和向北开放新格局，建成资源集聚集散、要素融汇融通全域开放平台，这意味着"十四五"时期是优化开放布局打基础的关键 5 年。当前，内蒙古已经形成了以呼包鄂乌为核心，带动和辐射内蒙古中部和西部地区的开放格局，蒙东地区尚未

形成强有力的开放格局，内蒙古开放发展集中体现在中部和西部地区，开放发展的不充分不平衡问题较为突出。对此，内蒙古亟待发挥蒙东地区两大口岸作用，提升东部地区开放水平和支撑力，形成蒙东地区全面开放的局面，推动内蒙古高质量开放。

二、提升蒙东地区开放支撑力是解决"酒肉穿肠过"问题的现实需要

2018 年，习近平总书记在参加十三届全国人大一次会议内蒙古代表团审议时指出，从满洲里、二连浩特出入境的中欧班列多数都是"酒肉穿肠过"，区位优势还没有转化为开放优势、发展优势。比如，中欧班列的发展并未带动蒙东地区贸易和中欧班列的发展，2016 年通辽市才开始发行"通满欧"班列，2019 年才有第一班进境班列。同时，内蒙古"十四五"规划明确提出，要推进东部地区加快发展，以满洲里、二连浩特口岸为支撑发展泛口岸经济，这也给蒙东地区在推动口腹互动方面提供了机遇。因此，蒙东地区要发挥区位优势，发展班列经济，加快口岸与赤峰、通辽以及东三省、京津冀、东部沿海地区的互动，提升蒙东地区开放支撑力，为内蒙古解决"酒肉穿肠过"问题提供一定的实践探索和区域支撑。

三、提升蒙东地区开放支撑力是推进内蒙古东部地区加快发展的现实需要

加快推进蒙东地区发展是内蒙古区域发展战略的重点内容，内蒙古从"十一五"时期开始就提出推动蒙东地区实现跨越式发展，"十四五"规划又提出加快建设赤峰、通辽区域中心城市。未来，内蒙古还将推进东中西部优势互补、差异化高质量协调发展，推进东部地区加快发展。蒙东地区拥有独特的区位条件，既在东北振兴范围内，又在西部大开发范围内，也能与京津冀协同发展战略相衔接，享受着区域发展战略多重叠加的机遇。同时，东部地区拥有内蒙古 19 个陆路空港口岸中的 14 个，是我国向北开放的重要门户。"十一五"时期以来，内蒙古东部经济社会发生了显著变化，但总体发展质量与内蒙古西部和周边省区相比还有一定差距。究其原因，主要有两个方面的因素，一是内生发展动力不足，二是优质生产要素不足。加快蒙东地区高质量发展，要突破这两方面因素的影响，就是要在区域发展战略中找准发力点和突破口，善于借助外力，以开放促发展。

第二节　提升蒙东地区开放水平面临的主要问题和挑战

尽管蒙东地区在内蒙古和我国东北地区具有十分重要的战略地位，但是其开放水平与其地位明显不匹配，提升蒙东地区开放水平面临着以下主要问题和挑战：

一、开放体量相对较小、水平较低

从内蒙古全区情况来看，2019 年蒙东地区进出口总额占进出口贸易总额的比重仅为 32.9%（见表 6-1），2020 年直接利用外资也主要集中在鄂尔多斯市、呼和浩特市、巴彦淖尔市、包头市。从蒙东地区自身来看，2019 年蒙东 5 市对外贸易依存度为 6.58%，不足全国水平的 1/5；进出口货物种类以农畜产品、钢铁、有机化学品等原材料与粗加工商品为主，外贸产品附加值不足。以通辽市为例，出口的主要产品为玉米生物系列产品和冷冻红辣椒、杂粮杂豆、活牛等农畜产品，占出口总额的比例超过 90%。

表 6-1　2019 年内蒙古各盟市进出口贸易总额

	进出口总额（万美元）	占全区进出口总额的比重（%）	排名
呼和浩特市	124.3	11.3	4

续表

	进出口总额（万美元）	占全区进出口总额的比重（%）	排名
包头市	190.13	17.3	2
呼伦贝尔市	168.04	15.3	3
兴安盟	1.84	0.2	12
通辽市	23.43	2.1	10
赤峰市	62.4	5.7	6
锡林郭勒盟	105.2	9.6	5
乌兰察布市	35.55	3.2	9
鄂尔多斯市	57.15	5.2	7
巴彦淖尔市	275.87	25.1	1
乌海市	5.83	0.5	11
阿拉善盟	48.05	4.4	8

二、对外开放缺少产业支撑

蒙东地区产业结构性矛盾比较突出，产业处于调整期，支柱产业核心竞争力不强，战略性新兴产业支撑性不足。产业结构仍呈现一产占比较高、三产占比较低的特征，传统产业比重大、链条短，产品初级化和低端化特征明显，未能将资源优势完全转化为经济优势；特色主导产业不强，战略性新兴产业、非资源型产业、劳动密集型产业拉动作用较弱。产业发展后劲乏力，缺少大项目、大企业、大园区支撑，产业转型升级任务艰巨，产业链往下游延伸、价值链向中高端攀升仍需爬坡过坎。产业布局分散、发育不充分，集聚发展和延伸升级不足，缺少引领性、支撑性龙头企业和优势特色产业集群，难以形成强有力的产业支撑。产业发展层次较低，初级产品较多，产业在周边乃至全国的产业分工中的地位不明显，产业上的对外连接少，外向型产业发育不足。

三、缺少区域性中心城市的支撑

区域性中心城市与对外开放水平往往是相互支撑、相辅相成的。从蒙东地区的现实条件来看，赤峰和通辽具备建设区域性中心城市的条件，近年来，内蒙古也着力推动赤峰、通辽建设区域性中心城市。但赤峰、通辽与建设区域性中心城市仍有一定的差距，仅从城镇化这一角度来讲，2019 年底，赤峰市全市常住人口城镇化率由 2015 年的 47.06% 提高到 2019 年的 51.11%，低于内蒙古全区 12.3 个百分点（见图 6-1）。通辽市常住人口 313.88 万人，占全区总常住人口的 12.36%，在 12 个盟市中排第 2 位；城镇常住人口 154.71 万人，占全区总城镇常住人口的 9.75%，在 12 个盟市中排第 5 位；但城镇化率在全区排第 11 位，仅高于兴安盟（49.71%），低于全区平均水平 16.58 个百分点，低于全国平均水平 10.45 个百分点（见图 6-2）。同时，赤峰、通辽市区人口密度分别仅为呼和浩特的 19.3% 和 70%，产城融合、集中集聚发展不足。较低的城镇化率、较少的城镇人口，一方面导致很难形成较大的规模经济和集聚效应，城市的对外辐射力也就难以凸显，也使对外合作缺少核心载体；另一方面也造成城市对外需求不充分。

图 6-1　2014~2019 年赤峰市城镇常住人口、城镇化率趋势

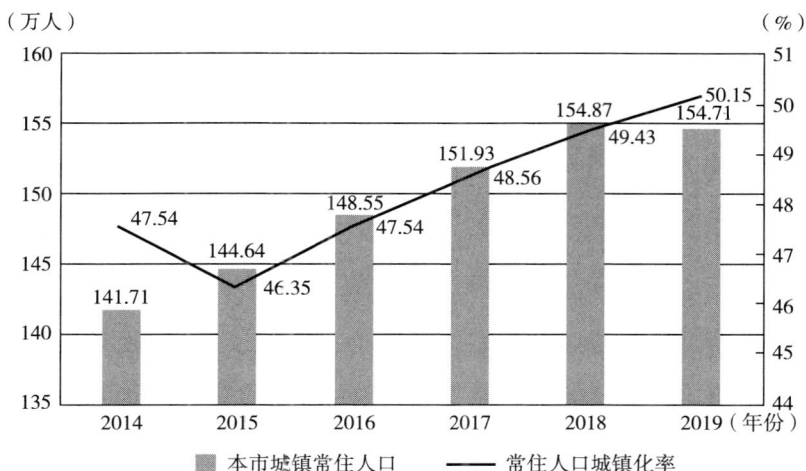

图 6-2　2014~2019 年通辽市城镇常住人口、城镇化率趋势

四、重大开放平台发挥作用不够

以国家开发开放试验区为例，2014 年 6 月，国务院批准设立二连浩特国家重点开发开放试验区。自试验区获批建设以来，国家在资金和政策方面给予诸多扶持，二连浩特加快推进中蒙经济合作区、边境经济合作区、边民互市贸易区等高质量发展平台建设，试验区建设取得阶段性成效。但总的来看，试验区建设滞后，互联互通基础设施项目推进缓慢，中蒙经济合作区蒙方区域已开始运营，而中方区域仍在建设中。集二线铁路局部最大通过能力仅 1000 万吨，已经不能满足过货需求。同时，试验区建设对泛口岸经济的拉动作用不明显，例如，没有在口岸或者蒙东腹地形成落地加工，也未在班列沿线形成集聚效应，口岸的孤岛效应正在显现。此外，二连浩特口岸与蒙东腹地以及我国经济腹地对口联动机制尚未建立。

五、跨区域合作亟待强化

蒙东地区比较优势发挥不足，面向国际、国内开放的功能定位不够清晰，产业链、创新链尚未与其他区域形成紧密的分工与合作；体制机制不健全、协调机制功能有限，资源要素在区域间流动存在障碍，融入京津冀和东北经济区发展尚未取得更多务实成果，区域战略合作发展亟待实现突破；外贸依存度低，外向型经济总体水平不高，亚欧市场开拓力度有待加大，对经济拉动作用有限，借力"一带一路"倡议更好地"走出去"尚未全面破题，开放型经济发展滞后；承接产业转移针对性、有效性不强；营商环境仍有突出短板，一流营商环境建设任重道远。

六、对外贸易竞争加剧

近年来，内陆城市纷纷开行"中欧班列"，利用返程班列进口汽车零部件、板材等直接运至内地进行集散，造成进口资源和加工企业原材料流失严重，影响了蒙东地区边境小额贸易和进口资源加工业的发展。以板材为例，武汉、成都、临沂、青岛、赣州、乌海等内地城市点对点开通了从俄罗斯塔里茨始发的中欧班列，专门进口板材，同时为争抢货源，各地政府给予每箱 6000～20000 元不等的补贴政策。据木材贸易企业介绍，通过满洲里、二连浩特口岸返程的中欧班列将木材直接运到武汉、成都等地，当地木材销售价格与二连浩特口岸售价基本一样，到口岸采购木材的客商明显减少。

第三节　提升蒙东地区对外开放支撑力的基本路径

一、加快培育赤峰、通辽区域中心城市

一个地区的开放发展水平往往需要区域中心城市作为支撑，赤峰、通辽在蒙东

地区的经济发展中占重要地位，赤峰、通辽是内蒙古东部经济总量最大的两个城市，2019 年地区生产总值分别占蒙东 5 盟市的 22.76% 和 16.83%。同时，赤峰市与通辽市是内蒙古东部人口最多的两个城市，2019 年常住人口分别占东部 5 盟市常住人口的 34.2% 和 24.8%。从赤峰、通辽经济总量和人口规模来看，其在蒙东具备建设区域中心城市的条件，因此要加快推进赤峰、通辽区域中心城市建设。

一方面，要持续扩大城市人口，不断扩大城市的集聚效应和规模效应。一是要放开各种落户限制，引导旗县人口向中心城区集聚，同时，突出"农牧业转移人口""外来就业人员""城中村和城边村居民""高校毕业生"和"外来陪读人员"五大群体的市民化，加快推进以人为核心的新型城镇化。二是做强两个中心城区，赤峰中心城区按照 150 万人口的目标，通辽中心城区按照百万人口目标，优化城市体系规划，明确中心城区的三区四线。加强教育、医疗等优质基本公共服务供给，建设枢纽型基础设施。三是加快产城融合步伐，推进赤峰产城融合先导区建设，加快启动实施 3 个赤峰中心城市产城融合先导区建设，打造 3 个科技研发活跃、产业业态清晰、金融支撑有力、生活设施完善的产业新城。推进通辽产城融合，坚持通过工业化推进城市化进程为主要动力，大力发展主导产业，夯实主城区玉米生物、蓝宝石等制造业基础，进一步延长产业链。

另一方面，发挥两座区域中心城市各自优势，增强对蒙东地区的辐射力。要本着集中、集聚、集约发展总要求，坚持立足于当前、着眼于长远的总方针，加快谋划和推进赤峰、通辽经济带建设。一是从关键环节入手，从重点领域突破，通过早期的统筹规划和政策支持，引导赤峰、通辽地区按一体化发展的总体要求谋划合理的空间布局、协作的产业体系和共享的基础设施，尽可能避免区域内不同行政主体之间的摩擦和内耗，降低无序竞争形成的产业同构和政策冲突，促进区域总体竞争力的提升。按照错位发展的原则，支持赤峰建设全国商贸服务物流中心、蒙东交通枢纽和蒙东重要旅游承载区等，支持通辽建设蒙东高等教育中心和蒙东地区农产品交易中心等。二是利用好东北振兴政策，借助长期与沈阳经济区、哈长城市群等东北地区紧密联系的基础，尤其是与京津冀的良好合作态势，打造高铁经济带，加速产业转型升级和产业结构调整，将两地建设成为承接产业转移、资源型产业转型发展和新旧动能转换的经济带。

二、提升产业承载力

产业发展，特别是外向型产业的发展是开展对内对外合作的重要基础。对此，一方面要做好资源转化这篇大文章，打造特色制造业集群，发挥好蒙东特色资源优势，如现代冶金产业集群、新型化工产业集群、现代医药产业集群、现代装备制造业集群、农畜产品加工产业集群。需要重视的是，随着现代经济的发展和全球化供给的增加，构建现代产业集群既需要强化传统产业链的延链、补链、强链，也需要从产品设计到终端消费全产业链的价值产生、价值实现和价值提升，最大限度地提高供给质量和效益，也就是构建现代产业集群需要产业链、价值链、供应链"三链"同建和协调配套。同时，随着新一轮科技革命加速推进，必然要求新技术、新产品、新业态、新模式的构建和应用，推动"四新"与传统产业、实体经济融合、嫁接，提升产业发展质量和水平，更好地适应市场需求和现代产业发展要求。

另一方面，加快建设国家产业转移示范区。紧抓新一轮西部大开发、东北振兴及东部沿海地区产业转移的机遇，在传统产业改造、新兴产业培育、区域合作发展、承接产业转移和产业合作等方面探索高质量发展增长点。全力做好政策配套、资源整合、园区建设、劳动力培训等基础性工作，做好国家级承接产业转移合作示范区创建工作。调整园区产业布局，明确园区发展定位，有针对性地承接竞争力强、成长性好、关联度高的产业链项目和高新技术企业入驻园区、合作发展，分别在赤峰、通辽建设千亿级国家级承接产业转移合作示范园区。建立健全管理机制，建立完善考核体系，加快推进园区试点示范。加大有针对性的招商引资和承接产业转移力度，重点吸引京津冀、环渤海、东北经济区和长三角、珠三角、港澳台等发达地区的产业项目、资金技术向赤峰转移。刨新产业承接与产业合作机制，突出抓好"飞地经济"。

三、利用好多元化的开放平台

过去一个时期，蒙东地区已经形成了各类开发开放平台，为提升蒙东地区开放支撑力提供了较好的基础，未来要推动开放平台高质量发展，更好地为开放发展服务。一是推动满洲里和二连浩特国家开发开放试验区高质量发展。加强国家开发开放试验区建设，完善边境经济合作区、中俄互市贸易区功能。建立健全与国内主要经济腹地的合作机制，深化与京津冀、长三角等地的务实合作，探索建立利益成本分担机制，推动经济腹地与蒙东地区共建飞地园区。建立与上海自由贸易试验区、浙江自由贸易试验区对口合作机制，加强与天津港、锦州港建立对口联系，创新与青岛港、宁波港、厦门港等的合作模式，着力谋划打造与东部港口的低成本陆海联运通道。二是搭建好贸易平台，办好中国·二连浩特中蒙俄经贸合作洽谈会、中国·海拉尔中俄蒙经贸洽谈会等展会，适时扩大展会范围。三是发展跨境电商平台。加快发展跨境电商，支持企业与国内大型跨境电商企业合作，在蒙东盟市设立"海外仓"，打造跨境电商产品交易基地，推动蒙东地区有条件的盟市申建跨境电子商务综合试验区。四是推动工业园区高质量发展，工业园区是对内对外开放的主战场，要加快园区调整，促进园区内产业集群化发展，同时推动有条件的园区向海关特殊监管区转型。

四、建设口腹互动的物流枢纽中心

赤峰市距北京、天津、沈阳等中心城市 400 千米左右，距锦州、秦皇岛等港口不足 300 千米，是内蒙古距出海口最近的地区，是环渤海经济圈的重要组成部分。赤峰境内有 11 条国省干线公路通过，G16、G45 赤峰段 4 条高速公路已全部建成通车；赤峰已建成高等级公路里程居内蒙古首位；现有铁路 9 条，即将建成赤峰至京沈高铁连接线，届时从赤峰只需两个多小时就可到达北京、沈阳；已开通赤峰至北京、天津、上海、杭州、呼和浩特、沈阳、大连、哈尔滨、济南、青岛等 10 余条航线，形成了立体便捷的交通网络。通辽境内有 9 条铁路交会，通辽火车站是全国 40 个枢纽站和 14 个大型货物编组站之一，京沈客专高铁正在积极建设中；通辽境内有 7 条省道、国道和高速公路，与北京、沈阳、长春等中心城市，天津、大连、营口、秦皇岛等港口城市，以及满洲里、二连浩特等边境口岸城市基本互连互通；通辽机场现已开通 14 条航线，可直达北京、天津、上海、重庆、哈尔滨、杭州、成都等 15 个大中型城市。赤峰、通辽良好的区位、交通条件为融入国内物流大循环、发展大物流奠定了良好基础。要紧紧围绕建设国家物流枢纽承载城市，加强红山物流园区、松山物流园区、通辽市综合物流园区、科尔沁现代物流园区、通辽空港物流园区等物流园区建设，持续拓展现代综合物流新业态新模式，构筑通疆达海的现代物流网络体系，促进通道经济、枢纽经济发展，增强物流服务力和辐射力。

五、全方位融入区域发展战略

党的十九届五中全会指出，加快构建以国内大循环为主体、国内国际双循环相互促进的新发展格局。这意味着新一轮的产业分工即将开启，全国统一大市场进入全面的提升期，这也要求蒙东地区要找准自己在国内大循环和国内国际双循环中的位置和比较优势，积极探索有利于促进全面构建新发展格局的有效路径。畅通国内国际双循环，增强辐射力的最直接的方式就是"走出去"，统筹资源、配置资源，在全国产业分工体系中占据一席之地。要主动融入和服务国家与内蒙古发展大局，全面、主动融入和服务全国开发开放大局，持续深化对内对外开放，着力构建全面开放新平台，拓宽全面开放新视野，形成全面开放新格局，实现资源集聚集散、要素融汇融通，拓展发展空间和辐射半径。

深化与国内区域合作。一方面，要按照国家推动蒙东地区融入东北经济区一体化发展的总体要求，加强资源互补、产业合作、基础设施互联互通建设。构建"锡赤朝锦"辽蒙海陆开放合作试验区，加强"铁（岭）四（平）通（辽）辽（源）"次区域合作，着力打造省际区域合作新的经济增长极，通过融入东北走向东北亚。另一方面，把握国家推进京津冀协同发展的有利契机和高铁开通的机遇，强化与京津冀的全面战略合作，推进政策互惠对接、资源互补对接、基础设施对接、产业项目对接。要积极承接京津冀产业、资源转移，目前，北京已经开启新一轮北京非首都功能疏解任务，赤峰、通辽要在承接产业转移的同时，积极争取高端医疗、教育、商务服务等资源。要从服务京津冀中找定位、谋发展，建设服务京津冀地区的清洁能源保障基地，同步构建清洁能源外送主通道。着力建设面向京津冀地区的绿色农畜产品供应基地，提高绿色农畜产品在京津冀地区的品牌知名度和市场占有率。加快建设面向京津冀地区的特色文化旅游目的地和生态观光、休闲度假、健康疗养基地，做大做强特色旅游业。

全面参与和融入"一带一路"建设。对接国家"一带一路"建设和内蒙古向北开放战略，深度参与中蒙俄经济走廊建设，不断拓展对外合作领域，深化与"一带一路"沿线国家在产业产能、文化旅游、教育医疗、信息通信、资源开发等领域合作。发挥区域浓厚的历史文化优势，不断扩大与"一带一路"沿线国家或城市的文化旅游交流，通过旅游开展国际合作与开发。深度参与中蒙俄经济走廊建设。进一步推动辽蒙海陆开放合作试验区与蒙古国、俄罗斯区域经济延伸发展，谋划共建中蒙俄国际海陆经济合作示范区。依托产业基础，借助蒙俄资源优势，加快双向产业合作，推动有色金属、能源化工在资源保障、延伸加工等领域实现增量扩能。大力拓展与蒙古国、俄罗斯等国家在农畜产品加工、机械制造、文化旅游、文化产业、飞地经济、保税加工、商贸物流、跨境电商、转口贸易等领域合作。协同推进中蒙俄国际铁路新通道建设，着力打造国际物流枢纽城市和进出口贸易加工区，推动构建内蒙古向北开放的产品外运新路径和蒙俄出疆达海的资源海运新通道。

六、打造高标准的开放环境

良好的营商环境是招商引资的关键，是扩大开放规模、提升开放水平的重要保障。对此，要打造简捷高效的办事环境，深化"放管服"改革，持续推进"最多跑一次"等重点改革事项，简化优化审批流程，进一步压缩审批时限，提高审批效率。要建设诚实守信的政务环境，兑现落实好用地保障、融资引资、奖励扶持、服务保障等政策，贯彻落实好《中共中央国务院关于营造更好发展环境支持民营企业改革发展的意见》《内蒙古自治区优化营商环境行动方案》，激发民营经济发展活力，提升社会信用体系建设水平，营造重商、亲商、安商的环境氛围。要打造廉洁勤政的服务环境，全面加强正风肃纪，实行政务服务"好差评"管理，让服务对象评价服务者，切实整治不作为、慢作为、乱作为等不良行为。

第七章　打造通道经济升级版

第一节　通道经济的理论基础和实践

一、通道经济发展的历史考察

20世纪90年代，一些学者对我国的区域发展提倡"四沿"（沿海、沿边、沿江、沿线）空间发展战略，提出交通运输与区域经济一体化开发的观点。世纪之交，国家实施西部大开发战略，吹响了西部地区交通基础设施建设的号角，人们更加关注交通运输建设与区域经济发展的相互促进与良性循环。在实践中，"通道经济"成为近年来政府与学者关注的话题，然而，发展通道经济如何界定呢？笔者从区域经济学的有关论述中找出了发展通道经济的理论基础。所有工业、商业经济活动的产生、发展和人口的聚集等现象，都位于运输线上。通道经济的现象可从交通运输的发展演化进程去考察。

"沿江经济"。大江大河不仅是人类文明的发源地，而且是近代工业的摇篮。

18 世纪工业革命前后出现了运河建设高潮，利用廉价的水运只需较少的投入就可以发展运输，水运造成当时的工业集中和市场扩展，工业和城市主要沿通航江河分布。

"沿海经济"。随着海洋运输业的发展，特别是当轮船等大吨位、远距离航海运载工具出现后，大海成了加快世界各地沟通的途径，加快了各地对外经济、文化、技术的交流。几乎所有国家的海岸线都出现了繁荣的城市。在历史上，沿海地区成为经济最活跃、最发达的区域，这得益于自然的"通道经济"。现代的"沿海经济"仍然在发展，出海黄金水道是发展对外贸易的主力通道。

"路桥经济"。19 世纪以后，铁路以其快速、运载能力大、连续性好、运价低、适合大宗货物中长距离运输等优点显示出强大的生命力，在世界各地得以迅速发展。而 20 世纪由于汽车的普及，公路网的密度大大高于铁路，通用性更强。随着经济节奏的加快和区域经济联系的加强，快捷、通达的交通运输需求增加。高等级公路的建设和铁路的延伸，促使经济活动沿交通线集聚，形成"路桥经济"。随着工业化的发展，产品结构的深加工，加上商品经济的发达，导致了对更加方便迅达的运输需求增加。对交通轴线的继续改善，发展成为以建设高速公路为主，海、陆、空多种交通运输方式联运的综合运输通道，交通轴线的能力更加巨大，运输更加便捷快速，"路桥经济"更加发达。

二、通道经济的概念界定

（一）通道经济的含义

"通道经济"通过对交通运输基础设施（含通信基础设施）项目的投资，改善区位条件，加强区域经济联系，有利于发挥点轴系统的集聚、扩散功能，增强区域比较优势和刺激区际贸易增长，形成交通运输建设与区域经济发展紧密的互动关系。"通道经济"的发展以"经济通道"的建设为基础，并以"经济通道"的完善为载体带动"通道经济"高水平发展。通道经济理论可以追溯到佩鲁和布代维尔的增长极理论以及沃纳·松巴特的"点—轴"开发理论，强调点—轴极化效应和扩散效应。这是推动区域经济发展的两种机制，是指依托便利交通条件打通的轴带式区域经济体系与空间组织，其中需要把握住几个关键点：便利交通条件、产业链纽带、市场化的开放型发展模式，通道经济最终会通过点、线、面结合，演化成为通道网络经济，实现区域经济发展的协调。陆大道（2018，2002）进一步将"点—轴"理论落实到中国"T"型区域发展战略的制定，达到良好的经济社会发展效应。周戈权（1992）认为发展通道经济是将交通运输和区域经济发展有机结合，是落后地区推动经济发展的利器。莫晨宇（2007）提出通道经济是以地理联结为前提，依托交通优势，以发展区域经济为中心，以经济合作为纽带，布局和规划产业结构，实现产业向通道的集散，促进区域、城乡、产业间的经济联系。由此可以发现，通道经济建设一般分三个层次：一是运输通道，强调流通的便捷性和经济性；二是经济通道，强调依托交通通道优势来发展沿线区域经济；三是开放型经济体系的构建。

王瑛（2004）认为丝绸之路经济带是全球最长、最有发展潜力的经济大走廊，是横贯东西、连接欧亚的经贸合作与文化交流大通道，丝绸之路经济带建设就是通道经济的发展。高新才等（2002）对中国西北城市区域分散性特征进行描述，提出沿欧亚大陆桥及相关重要铁路支线和黄河主干线来构建西北城市经济带的设想，使分散型城市彼此关联，发挥城市对周边地区的辐射作用。黄云（2011）从民族经济角度分析认为，民族地区要克服边境与内陆地区的屏蔽影响，打破过境运输的局限，通过跨国经济通道来发展民族经济。高新才（2014）综合研究后提出，丝绸之路经济带作为东西方商贸和文化交流大通道，必须充分发挥文化优势、区位优势、产业优势，增强贸易集聚中心的极化效应和扩散效应，拓展交通通道，强化信息通道、人才通道、贸易服务通道，加速"点—轴"渐进式扩散。通道经济理论逐渐超越传统以基础设施联系为核心依托的研究，转型为以基础设施为基础，以经济、人口、社会、文化、服务以及贸易等为主要流通内容的新型通道经济，这为当前我国"一带一路"倡议中提出的政策沟通、设施联通、贸易畅通、资金融通、民心相通也提供了理论研究基础。

（二）发展通道经济的三大构成要素

交通干线或综合运输通道、以第二、第三产业为主的产业体系、中心城市和中小城镇群是发展通道经济的三个要素。交通干线的重点投资建设是通道经济形成与发展的前提条件。通过对交通项目投资改善区位优势，进而调节经济活动在空间上的分布。随着交通、通信技术的不断进步，由一条主干线发展成为多条干线（含通信基础设施）并列组成综合运输通道，为沿线客货运输、商品交流提供了越来越便利的条件。沿交通轴线逐步发展的产业，特别是工业、通道产业的发展构成通道经济的主要内容。产业的集聚形成规模经济效益和集聚经济效益，产业的扩散促使产业结构的调整与升级，产业的集聚与扩散成为推进通道经济发展的动力。沿线分布的中心城市和中小城镇群是空间结构的节点，是通道经济发展的依托。对于经济地域来说，城市是区域经济发展的中心，其中心作用越强，就越能带动区域经济向更高水平和更大规模发展。在通道经济发展初期，主副经济中心城市不断被极化，形成增长极；随着增长极的辐射、带动功能的发挥，沿线形成一系列各具特色、分工不同而又紧密联系的中小城镇群，这是通道经济成熟期的空间标志。

（三）发展通道经济的本质特征

一是集聚性。集聚性是指各种产业和经济活动在空间上集中产生的经济效果以及吸引经济活动向一定地区靠近的向心力。劳动和资本等生产要素的集中所产生的高效益，导致其能够不断地从外部吸收资金和人才，并不断向外部输出创新产品和分裂新的企业，使经济实力迅速增强，就业机会不断增多。集聚效益则来源于现代工业生产在空间上的集中性，通过生产活动在空间距离上的彼此接近，实现资金周转、商品流通、劳动力培养以及企业的技术创新、升级与竞争等方面的集中运行，从而获得效益。

　　二是开放性。经济要素由集聚向扩散转变，是集聚经济发展的内在要求，也是区域分工和对外开放的要求。发展通道经济是通过交通运输联系的作用把区域与海外、内陆腹地相连，拓展经济发展的空间；通过开放，打通国际、国内两种资源、两个市场，优化资源配置；通过开放，实现体制创新，创造良好的投资硬环境和软环境，聚物流、聚信息、聚人才、聚资金、聚技术、聚财富。

　　三是共享性。共享经济的核心是通过将所有者的闲置资源频繁易手，重复性地转让给其他社会成员使用，这种"网络串联"形成的分享模式把被浪费的资产利用起来，能够提升现有物品的使用效率，高效地利用资源，实现个体的福利提升和社会整体的可持续发展。

　　四是立体性。发展通道经济，需要一系列通道产业的支撑，通道产业一般包括物流业、商贸产业、金融业、旅游产业、信息产业、海洋产业、房地产业。通道产业在工业发达的基础上得以发展，产业的规模经济、产业的结构调整与升级是通道经济发展的推动力。

　　五是流通性。便捷、畅通的通道是人流、物流、资金流、技术流、信息流、企业流吞吐的主渠道。人流会形成一个居住的功能，带动旅游业的发展；物流形成物流中心；资金流带来融资的便利；信息流产生一个信息中心及交易所；企业流形成企业集聚。流通力反映了区域经济发展的活力，发展通道经济就是要提高区域的流通力，并转化为经济效益。客货流动的增加，扩大了运输通道的服务需求，不仅要为国内外企业和客商提供货物运输、储存等流通的必要条件，而且要提供加工、包装、结算、汇兑、信息、旅游、休闲等各种服务和便利。

第二节　发展通道经济是内蒙古转型发展的现实需要

　　从通道经济的理论内涵及其特征来看，通道经济具有两重性：一方面能够促进产业集中、集聚；另一方面能够倒逼产业转型，更好地服务通道经济发展。因此，基于内蒙古当前的通道优势以及产业发展层次，必须要加快通道经济的发展。

一、发展通道经济是继续释放区位优势、通道优势，继续服务全国的需求

当前，内蒙古"酒肉穿肠过"问题突出，归根结底就是通道经济发展不充分。习近平总书记赋予内蒙古"我国向北开放桥头堡"的战略定位，是从服务全国的角度出发，充分考虑了内蒙古的区域和对内对外交通条件。"酒肉穿肠过"是当前内蒙古通道经济的初级阶段，从路桥经济、沿江经济、沿海经济的发展历程来看，都是通过服务全国最终实现自身发展。因此，从"酒肉穿肠过"到"金银腹中生"要经历一个较长的过程，需要一定量的积累，在服务全国的过程中形成自身独特的发展优势。

二、发展通道经济是内蒙古产业转型升级的需要

习近平总书记要求，内蒙古要注意扬长避短、培优增效，全力以赴把结构调过来、功能转过来、质量提上来。通道经济的实质是"产业经济""服务经济"，内蒙古向北、向西联通国内和国际的"经济通道"已经打开，但受当前进出口产业地区工业基础薄弱、产业层次低等因素影响，产业集聚辐射能力不强，服务经济发展水平较低。发展通道经济，就是要在产业集聚集散上下功夫，培育一批有辐射带动能力的产业集群；同时，通过通道经济，延伸发展各类服务型经济，如综合贸易服务等。以满洲里为例，得益于通道、口岸的发展，满洲里口岸发展出一批外贸综合服务平台，并拓展出国际物流、国际仓储、外贸结算等服务。

三、发展通道经济能够带来转型发展所需要素

通道经济不能仅仅理解为货物在内蒙古集聚集散，而是要素的流动和集散。

内蒙古作为沿边地区和欠发达地区，发展要素相对短缺，高质量发展需要借助更多外力。通道经济的发展，一方面可以通过以"量"换"量"，在通道服务过程中促进相关的产业落在内蒙古；另一方面，通道经济的发展能引导国家相关政策在内蒙古落地，比如二连浩特—乌兰察布边境口岸型国家物流枢纽承载城市的落地，呼和浩特和赤峰也均列入国家物流枢纽承载城市计划建设名单中。

四、发展通道经济是内蒙古加强与国内主要经济区域联系的重要工具

目前，内蒙古已经形成了经满洲里和二连浩特的经贸大通道，已经将我国各大区域板块有机地衔接了起来，服务京津冀、长三角和珠三角等经济较为发达地区的外贸出口。据不完全统计，乌兰察布始发，经二连浩特的中欧班列货物的70%来源于京津冀地区；经二连浩特、满洲里口岸发往蒙古国、俄罗斯的五金、生活用品以及小家电大部分来自华南地区。同时，通道的串联加速了内蒙古与我国主要区域经济联系，例如满洲里口岸的粮油加工大多为国内一线品牌提供原料服务。

第三节　内蒙古通道经济发展中存在的问题

一、发展思路和战略定位不清晰

（一）国家政策落地配套问题较为突出

近年来，党中央、国务院和内蒙古自治区政府出台了大量促进沿边发展和口岸经济的政策文件，层次高、数量多、内容全，为沿边经济发展提供了宏观指导，指明了发展方向。但是各盟市普遍反映，许多措施缺乏国家部委的配套政策支持，实质性、可操作性的政策措施有限，部分政策存在落地困难甚至水土不服的问题。如二连浩特 2014 年获批国家重点开发开放试验区，国家赋予了试验区先行先试政策，但在具体实施过程中，相关部门不能彻底落实到位。此外，各盟市还反映，口岸联检运部门都有自己的一套规章制度，并且执行比较严格，很难争取和灵活运用国家和内蒙古自治区的相关政策。因此，如何用好、用足、用活政策，让政策发挥好作用，为口岸发展和沿边经济建设发挥助推器的作用，成为落实国家政策所面临的一大问题。

（二）部分政策未能适应最新形势变化

随着国际形势的变化与"一带一路"倡议的提出，沿边口岸的定位发生了转变，面临着转型升级的要求，然而，原有的一些政策未能适应新的外部形势与发展环境的变化。以边境互市贸易区为例，根据 2008 年 10 月财政部、海关总署、国家税务总局联合印发的《关于促进边境贸易发展有关财税政策的通知》（财关税〔2008〕90 号），边境地区边民互市进口免税额度由每人每日 1000 元人民币提高到 8000 元人民币，该标准在近十年未有变化。此外，地理范围、贸易国别、商品类型等诸多限制性规定也在一定程度上限制了边境互市贸易区的发展规模。

（三）政策的执行机制有待进一步完善

内蒙古自治区对于政策的执行与评估的体系化、协同性等各项机制有待完善：一是政策跟踪监督落实不足，影响执行效果。部分地区重前期政策制定、轻后期政策执行监督考核，政策落实跟进不足，缺乏政策执行评估机制；二是政策制定的体系化不足，导致执行难，尚未形成"自治区—盟市—旗县"比较完善的政策执行体系，大部分政策仅停留在自治区层面，自治区的政策无法覆盖各个地区的具体情况，盟市、旗县则缺乏配套政策；三是政策执行协同性不足，导致执行分散化，未形成各方协同机制，影响政策执行效率。

（四）部分政策的竞争力与吸引力不足

内蒙古自治区出台的部分政策对于企业的吸引力和带动作用有限。以中欧班列的补贴为例，2018 年乌兰察布的中欧班列回程数量比上年减少，主要原因是自治区出台中欧班列财政补贴规定，按照每箱每公里进行补贴，相比原来地方的补贴政策，运价补贴力度降低。企业的铁路货运成本上涨。内蒙古自治区的补贴政策与其他省份相比竞争力不大。例如，呼和浩特规定方圆 1500 公里免费提货；西安、呼和浩特、武汉按箱进行补贴，力度均大于内蒙古自治区。再以粮食进口配额为例，满洲里有四家粮油加工企业，初步形成了境外种植和境内加工联动发展的产业格局，但是满洲里没有小麦进口关税配额，其他粮食进口配额也较少，企业进口粮食作物必须缴纳 65% 的关税，如果争取到配额的话，企业缴纳的税率仅为 1%。粮食进口配额制约了当地小麦进口和后续的深加工业务。

（五）政策体制与邻国的协同对接困难

沿边经济发展涉及跨境合作，需要与邻国在政策、体制、标准各方面进行对接。俄罗斯和蒙古国的《边境法》《口岸法》《跨境经济合作法》均以国家立法形式予以发展保障，然而沿边省市对接俄罗斯和蒙古国时往往采用地方的条例，各省的政策安排各不相同。此外，由于中蒙俄三个国家的体制机制、管理思维、决策模式不同，在政策对接、互联互通方面经常面临较长的谈判期和磨合期。

二、口岸城市可持续发展的基础有待加强

（一）自然环境较差，社会发展水平低

内蒙古自治区口岸的发展长久以来受到自然、社会环境因素的限制。气候条件方面，内蒙古自治区对蒙古国的开放口岸，90% 以上位于干旱少雨地区，风沙大、水资源匮乏，气候条件差。交通条件方面，内蒙古自治区沿边口岸普遍远离中心经济区，交通相对闭塞、滞后，与内陆交通通达性并不理想，与蒙古国、俄罗斯的连通性有待提升，其辐射能力、支撑能力无法与内地相比。社会条件方面，沿边地区的人口总量小，教育水平低导致人口流失严重，经济发展面临人才不足的问题。

（二）外部环境制约，邻国带动能力差

内蒙古自治区毗邻国家对沿边口岸的带动作用有限，跨境联通与合作仍有阻碍。一是蒙古国和俄罗斯对于内蒙古的产业带动作用有限。改革开放初期，广东、浙江、江苏等沿海省份充分利用与中国港澳和欧美日等发达国家和地区的陆路接驳与海上运输优势，发展"两头在外"的加工贸易，但是内蒙古自治区并不具备同样的发展环境。二是俄罗斯和蒙古国的物流发展条件落后于中国，对接程度有待提升。根据 2018 年世界银行发布的《物流指数报告》，在全球 160 个国家中，中国的物流指数排第 26 名，俄罗斯和蒙古国分别排第 75 名和第 130 名，远落后于中国。三是地缘政治因素和邻国政治局势变化可能阻碍合作。俄罗斯对华合作仍有戒备心理，蒙古国内部政局仍存在不稳定因素，政策不连续性影响较为明显，例如，策克铁路口岸境外铁路项目和策克口岸肉类指定进口口岸仍未取得蒙方政府批复和解禁。

（三）基础设施薄弱，建设资金缺口大

内蒙古自治区口岸普遍存在基础设施建设不完备、基础设施建设资金不足的问题。以满洲里口岸为例，近年来，满洲里口岸实施了规模空前的口岸基础设施建设，口岸能力得到有效提升，但由于满洲里地方财政有限，口岸基础设施建设资金十分紧张，口岸基础设施后续建设面临很大困难。以甘其毛都口岸为例，因资金投入不足，口岸通关、物流等功能区短缺，供水、供暖等城镇公共服务水平低，与快速增长的进出口贸易矛盾较为突出。

（四）经济基础薄弱，产业结构较单一

内蒙古自治区口岸以边境贸易为主，贸易形式和产品结构较为单一（见表7-1），产业基础薄弱。贸易形式方面，基本上采取通关贸易和边民互市两种贸易方式，其他如市场采购、边境贸易、加工贸易、跨境电商、服务贸易等形式很少。贸易产品方面，现阶段进口产品中矿产品、农畜产品、木材、原油等资源性的产品占绝大部分，消费品、工业品占比较小，产品结构较为单一（见表7-1）。

以阿拉善盟为例，全盟进出口呈现出依赖进口且一煤独大的格局。产业结构方面，当前内蒙古口岸以门户、通道的功能为主，主要开展边境贸易，加工业发展不足，除粮食以外，大部分进口的资源类商品无法进行本地化加工，产业附加值低。

表7-1 内蒙古自治区各口岸主要进口商品情况统计

口岸名称	进口商品
满洲里	木材、煤炭、汽车、化肥等
二连浩特	铁矿粉、铜矿粉、木材、石油、原煤等
甘其毛都	原煤（主焦煤、动力煤）和铜等产品
策克	原煤（炼焦煤、烟煤）
珠恩嘎达布其	原油、褐煤和银矿粉等产品
黑山头	木材、铅锌矿石等
室韦	木材、铁矿石等
满都拉	铁矿石等
额布都格	废铁、鱼等
阿日哈沙特	铅锌矿石等、畜产品、水产品、废旧钢铁等
阿尔山	羊毛、羊绒、皮张、废钢铁等

（五）资源禀赋相近，同质化竞争激烈

内蒙古自治区口岸资源禀赋相近，同质化竞争激烈。内蒙古的许多对蒙口岸均为资源型口岸，面对的要素资源相同，口岸的功能定位相似。例如，除了二连浩特口岸以外，许多口岸都是以煤炭、矿产品进口为主。一方面，各口岸的发展缺乏自身特色，没有发挥比较优势，容易产生内部竞争、重复建设的问题；另一方面，蒙方在谈判上可能对各口岸进行分化、瓦解。如何立足本地区的条件、资源要素和发展实际，明确好各自的发展思路和发展定位，形成各具特色、优势互补的差异化发展格局，是一个亟待解决的现实问题。

三、外向型产业集群发展滞后

内蒙古外向型产业集群发展滞后，对通道经济发展的拉动作用不足。以满洲里为例，作为中蒙俄经济走廊建设的重要节点和核心要塞之一，满洲里具有沿边开放的显著综合比较优势，其地处"三北"，接壤于俄罗斯与蒙古国的地缘，更令其成为我国向北对外开放的前沿。近年来，随着中蒙俄经济走廊建设力度加大，满洲里在推进中蒙俄经济走廊建设中发挥着日益重要的作用，但同时也暴露出一些亟待解决的问题。

（一）进出口总值仍偏低，园区建设规模偏小

进出口总额是衡量对外贸易总体规模的重要指标，2017年满洲里实现进出口总额333.4亿元人民币，虽然同比增长23.2%，但同期与国内其他沿边省区相比仍偏低。有分析认为，各类园区建设作为对外经济发展的现代形式和主要载体，满洲里各类园区规模建设不足是造成进出口总额相对偏低的主要原因，当前满洲里除木材加工园区与部分进口资源加工园区建设初具规模之外，其他类型建设均较为滞后，不少园区建设甚至尚处于开发的初级阶段，严重制约了满洲里整体进出口能力的发挥。扩大对外贸易规模、加强园区规模建设、优化产业与对外贸易结构是解决这一问题的重要途径和手段。一方面，政府作为政策制定者和资源最高分配主体，要高度重视园区建设，增加园区建设投入，科学、合理规划与调整园区的布局和结构，建立园区长效发展机制；另一方面，要优化产业结构，充分利用当前国家利好政策，培育和发展自身高新技术型、资金密集型等具有国际竞争力的产业；此外，强化服务产业和服务贸易发展意识，不断提升服务产业产品质量和扩大服务贸易的发展领域。

（二）贸易结构仍需优化

从贸易结构来看，满洲里对外贸易主要以木材、化工原料、日用品、果蔬及冷冻畜牧产品为主，商品类型较为单一；在与俄蒙的双边或多边合作中也以粮食与果蔬栽培、木材采伐与加工、矿石开采为主，经贸结构较为单一，近年来虽然在轻工制造业、畜牧业方面的合作有所加强，但相比沿边其他五省对外合作，满洲里整体对外合作领域仍较为单一，贸易合作水平不高。

（三）产业结构亟待升级

由于地理位置以及气候与土壤问题，满洲里第一、第二产业始终不发达，农业比重低、工业缺乏大型项目支撑，加之对进出口资源深加工不足，产品附加值较低，过于依赖口岸经济贸易，由此也形成了以"特殊"的第三产业为主的产业经济结构。但从第三产业发展现状来看，文化旅游业、高端服务业等由于受邻国政治、社会、经济不稳定因素影响，造成了满洲里第三产业的不稳定，如2009年受西方金融危机的影响，满洲里边境旅游全年同比下降了近36.9%，可见，要确保满洲里产业经济稳定增长，须调整与优化产业发展走向，升级产业结构。

（四）全方位交流合作基础仍需加强

尽管近些年随着国家对满洲里对外开放的重视，其在与蒙古国和俄罗斯的教育、科技、文化、卫生、知识产权等社会人文交流方面有所加强，但与中蒙俄经济走廊其他较为优秀的节点城市相比仍具有明显差距，其开放结构呈现重经济贸易合作而轻社会人文交流的趋向。2016年6月23日，中蒙俄三方于乌兹别克斯坦首都塔什干签署的《建设中蒙俄经济走廊规划纲要》中把拓展人文交流合作作为促进人员往来便利化以及扩大民间交流和往来的重要规划。满洲里作为我国向北开放的前沿城市之一，应充分利用与俄蒙两国"地缘""亲缘""族缘"的独特优势，把拓展人文交流合作作为新形势下参与中蒙俄经济走廊建设的重要任务，努力做好对外交流和沟通工作，充分发挥纽带作用，通过媒体加强我国"平等互利、与邻为善、与邻为伴"外交理念的宣传工作，通过加强智库建设与研究，全面了解和充分把握俄蒙两国社会民情、外交走向及经济发展情况，一方面为我国外交决策提供参考依据；另一方面为推动中蒙俄经济走廊建设发挥有的放矢的纽带作用。

四、配套基础设施与服务不够完善

（一）口岸铁路多，通道铁路少

内蒙古对蒙古国8个主要陆路口岸中，已经有5个口岸通达或马上通达铁路，但只有二连浩特口岸铁路与蒙古国互联互通，其余口岸铁路均为"断头路"。满洲里对外班列较为发达，多达 14 条，且线路长，但满洲里连接内地铁路仅有一条滨洲铁路，在建的满伊铁路全长 445 千米，但自 2012 年 10 月开工以来至今尚未完工。满洲里对内铁路数量不足严重制约了内地与俄蒙直接的贸易往来，影响通道互联互通作用发挥，与满洲里在中蒙俄经济走廊建设中的地位及参与建设的总体要求不相匹配，成为满洲里作为中国陆路最大口岸充分发挥通道作用的一大掣肘。珠恩嘎达布其、甘其毛都、策克口岸境内铁路已经建成运营，满都拉口岸境内铁路也已建成。这 4 条口岸铁路分别与通辽至霍林河、北京至包头至兰州、包头至神木、临河至哈密等大能力铁路通道连接，运输潜力巨大。与 4 个口岸相对应的境外均无铁路连通，蒙古国虽然早已规划建设南向铁路，但因受资金落实、政策不稳定等影响迟迟没能启动前期工作。二连浩特口岸铁路是与蒙古国唯一互联互通的铁路，境内集宁至二连浩特段全长 323 千米，为单线、内燃牵引，运输能力达 3000 万吨；境外段由俄罗斯乌兰乌德途经蒙古国首都乌兰巴托至二连浩特，全长约 1110 千米，为单线、宽轨、内燃牵引，运输能力不足1000 万吨。该铁路通道内，境内外铁路技术水平、运输能力差距较大，蒙方扎门乌德口岸站场设施落后，大量出入境列车的换装、编组以及货物待检、存储等工作需在中方二连浩特站场完成。通道蒙方境内段铁路成为瓶颈，亟待实施扩能改造。

（二）口岸公共服务不完善

目前与国内其他口岸城市相比，满洲里除黑山头、阿拉山口、绥芬河基础设施与公共服务较好之外，其他如室韦、霍尔果斯、乌拉特等口岸均处于较低发展水平，口岸联检部门无论人员配置、查验设施还是查验技术等均较为不足和落后，严重制约了其通关过货能力的发展。在公路基础设施方面，目前满洲里公路普遍存在通达深度不够以及技术等级较低的现象，尤其口岸公路建设，始终未能与腹地之间搭建起快捷、高效的公路网络，导致口岸与腹地之间通联受限，制约口岸的通道辐射度，无法充分发挥口岸经济的带动作用。

（三）重视货源多，考虑消费少

铁路仅仅是交通运输的手段之一，其本质是解决人流、物流由出发点到目的地的运输问题。因此，不仅要重视把铁路修建到客货需要运出的地方，更要考虑客货要到达的地方，而且必须以保障国家利益优先为前提。尤其是煤炭、矿石等大宗货物运输，消费的目的地具有决定性作用。近年来，在研究和推进对蒙古国的铁路通道建设方面，绝大部分研究集中在如何让蒙古国的货物更便捷地通江达海，而很少研究如何将蒙古国的能源消耗在中国广袤的能源需求市场。以建设乔巴山至阿尔山铁路为例，这一提案在 20 世纪 90 年代就已被提出，到现在仍出现在部分人大代表、政协委员的建议提案中，虽然提议者在不断更换，但提议理由一直没有变化，认为该通道是蒙古国东部经既有阿尔山至长春至图们江地区最便捷的下海铁路大通道，对蒙古国与日本、韩国的贸易极其重要。显然，该铁路已经成为国际铁路通道且理应承担国际运输义务，所运货物的货源地和消费目的地主要以境外为主，这不符合国家利益优先的世界惯例。

（四）推进新建多，整合既有少

近年来，随着中蒙俄基础设施互联互通工程的推进，我国新建实施了珠恩嘎达布其、满都拉、甘其毛道、策克等口岸铁路，以及巴彦乌拉至阜新、锡林浩特至乌兰浩特、临河至哈密等一大批铁路，投资高达 400 亿元。但从运营效益来看，这些铁路全部处于亏损状态，仅甘其毛道口岸至包头万水泉铁路 2017 年度就累计亏损上亿元。实施连接线、整合既有铁路、提高路网机动性等措施对降低铁路建设成本、增加运营收益无疑是较好的选择之一。以蒙西地区为例，有效整合既有临河至哈密、包头至兰州、甘其毛道至金泉、包头至满都拉、西小召至锡尼等铁路，将策克、甘其毛道、满都拉口岸入境的煤炭和新疆的煤炭共同汇聚到我国煤炭主要产销地鄂尔多斯地区，再通过既有张家口至唐山、大同至秦皇岛、准格尔至朔州至黄骅港、蒙西至华中等大能力货运通道将煤炭销往全国各地，这样，既有铁路被有效利用，铁路建设成本将大幅下降，国家能源需求和能源安全也将得到保障。

第四节　通道经济的基本格局

一、呼包鄂—京津冀经贸大通道

内蒙古自治区与京津冀地区地缘相近，在中央深入推进京津冀协同发展的大背景下，内蒙古与京津冀有着密不可分的联系，为两地进一步实现取长补短、合作共赢提供了重要契机。将呼包鄂地区作为京津冀协同发展拓展区，推动呼包鄂与京津冀地区开展多领域、多层次、多形式的交流合作，一方面能够发挥呼包鄂地区能源资源富集优势，为京津冀协同发展提供有力支撑，助力京津冀协同发展战略的有效推进；另一方面可以推动呼包鄂地区产业协作，全面提升呼包鄂产业层次和发展水平，推动内蒙古自治区实现高质量发展。

二、经满洲里的欧亚经贸大通道

经满洲里的欧亚通道对内以大兴安岭城镇片区为支撑，对外可辐射东北经济区。随着经济全球化和区域经济一体化的深入发展，中俄新时代全面战略协作伙伴关系和中蒙战略伙伴关系更加紧密，特别是国家新一轮西部大开发战略的深入实施，满洲里欧亚陆路大通道的战略枢纽地位更加凸显。加快推进满洲里试验区建设，有利于深入实施西部大开发战略，打造新的区域经济增长极，为沿边地区加快转变经济发展方式、实现跨越式发展积累经验；有利于深入实施向北开放战略，满洲里国家重点开发开放试验区建设坚持开发与开放相结合，以开发促进开放、以开放带动开发；坚持"引进来"与"走出去"相结合，统筹国内国外两个市场、两种资源；坚持重点突破与整体创新相结合，探索开发开放新模式；坚持经济发展与民生改善相结合，促进经济社会和谐发展。经过十年左右的努力，建立起与国际接轨的新体制、新机制，探索出一条沿边地区跨越发展、繁荣进步的新道路；基本建成面向东北亚的区域性国际贸易基地、跨境旅游基地、进出口加工制造基地、能源开发转化基地、国际物流中心和科技孵化合作平台；社会事业全面发展，公共服务体系进一步完善，生态环境更加优美，人民生活水平显著提高，充分发挥满洲里试验区在完善我国全方位对外开放格局中的示范带动作用。

三、经二连浩特的欧亚经贸大通道

二连浩特位于呼包鄂城市群、锡赤通城镇带向北开放的交汇区，呼包鄂城市群、锡赤通城镇带又位于环渤海腹地，总体上看，经二连浩特的欧亚经贸大通道内部支撑力较强。二连浩特正在依托位于"一带一路"中线通道的优势，通过积极推进中蒙俄经济走廊建设，创新与俄蒙合作机制，发挥口岸进口资源优势，培育加工产业，提高产品附加值，让进口资源在二连浩特实现"落地生根"。抓国外原料是基础，抓好国内的运输、仓储、加工、保税是发展的关键，最后要稳定"头羊"的作用，把二连浩特口岸粮油加工园区二期项目规划做大做强，积极带动更多相关企业参与到建设实施中来。二连浩特市委、市政府决心，一定要让贸易畅通、民心相通，让"一带一路"倡议更加深入人心，为共建"一带一路"创造便捷、高效的环境。二连浩特东新农业科技发展有限公司根据农业生态产业链需求，从籽种播放、耕种收获、农产品回购、仓储运输、加工包装、销售渠道等环节进行全面控制或参股合作，采用5D冷榨技术生产亚麻籽油，让消费者享受有机、绿色、无污染、纯天然、亚麻酸含量高的健康食用油。东新农业科技发展有限公司在二连浩特口岸粮油加工园区建设上取得了优异成绩，成为了内蒙古自治区粮油进口业务的"领头羊"。在二连浩特，像东新农业科技有限公司这样的落地加工企业现已达到了 70 多家，2018 年，由"过道经济"演化而来的"落地经济"贸易值达到近 10 亿元，直接带动 1000 多名相关人员就业。

四、经甘其毛都及策克、乌力吉的经贸大通道

甘其毛都、策克、乌力吉口岸是内蒙古西部地区的重要口岸，其中甘其毛都和策克出境货运量在 1000 万吨以上，是对蒙战略资源的重要通道。构建经甘其毛都、策克、乌力吉和珠恩嘎达布其口岸的经贸通道，既能填补内蒙古西部欧亚大通道的空白，又能推动内蒙古西部地区积极参与经济走廊建设。珠恩嘎达布其口岸通道战略地位突出，从地理位置上看，京津唐地区经过珠恩嘎达布其口岸到达俄罗斯、蒙古国是最便捷的通道。构建经珠恩嘎达布其口岸的欧亚大通道，内部依托锡赤通城镇带位于环渤海的腹地，同时向东与朝阳、锦州可连接成为锡赤通朝锦经济带。

第五节　内蒙古发展通道经济的突破口

一、明确发展思路和战略定位

（一）开展政策梳理，推动政策落地实施

开展原有政策的细化研究与流程设计，梳理政策的落实情况，对未能较好落实的政策进行逐项分类施策。针对内容与流程需要调整的政策，开展体系化、问题导向的研究和设计，站在国家战略高度提出完整的解决方案，与国家部委共同开展政策实施的论证，协助国家部委完善政策落地；针对缺乏政策细则而无法落地的宏观指导性政策，主动研究制定政策实施细则与建议方案，向国家部委报送

政策实施细则与建议方案草案，推动国家部委牵头落实相关政策，解决政策落地难的问题；重视建立政策执行与监督考核机制，分项将政策落实到具体责任部门，敦促和考核各部门、盟市、旗县的政策落地执行情况，出台配套落实措施，形成协同体系，全流程管理政策的落实跟进工作。

（二）争取支持政策，适应最新开放形势

边民互市贸易政策方面：一是建议将互市贸易区范围扩大。内蒙古自治区边境地区地广人稀，19 个边境城镇总人口 176 万人，仅占全国边境城镇人口的 7.7%，占全区人口的 6.96%，边境旗市经济总量仅占全区的 10%，建议扩大互市贸易区范围，加强边民互市贸易区的辐射带动作用。二是建议放宽边民互市贸易商品进口种类。允许边民互市贸易商品进入国内市场流通，对边民互市贸易商品国内销售征收支持性的销售环节税，可由政府指定具有特许权的企业集中收购纳税后进入国内市场，开展销售和深度加工业务。设立民贸进口商品收购点，收购的民贸完税商品既可销售，也可加工。三是建议提高边民互市贸易免税额。《国务院关于促进边境地区经济贸易发展问题的批复》（国函〔2008〕92 号）提出，边境地区居民每人每日从边境口岸或边民互市贸易区（点）内带进的生活物品的免税额度由每人每日人民币 1000 元提高到 8000 元。建议推进精准化扶贫工作，参照增值税起征点上浮幅度，调整为每人每日 30000 元，进一步繁荣边境贸易，提高边民生产生活水平，实现兴边富民、强边富民。四是积极推动设立边民互助组织。学习借鉴国内先进地区的边民互助组织经验，推动内蒙古自治区边境经济合作区设立边民互助组织，支持、引导边民互市贸易合作社发展，规范边民互市贸易合作社管理。深化边民互市贸易改革，深入开展边贸扶贫，服务口岸经济升级发展，带动边民增收致富。

财政税收政策方面：一是积极争取免税退税试点政策。依托重点开发开放试验区、边境旅游试验区以及互市贸易区平台，借鉴海南离岛免税政策，争取财政部、海关总署、国家税务总局支持满洲里、二连浩特等设立进境免税店，开展免税经营试点，试行境内游客购物免税和境外游客购物离境退税政策，带动边境旅游、跨境旅游发展。二是建议提高税收返还专项支持口岸经济基础设施建设。考虑口岸城市发展和财政压力，争取国家将海关代征的进口环节增值税，按照财政转移支付的方式，按一定比例测算返还给地方政府，专项用于口岸经济相关的基础设施建设，支持边疆少数民族地区发展。

投资贸易政策方面：一是建议增加国家级重点口岸粮食进口配额。争取国家支持增加满洲里和二连浩特小麦等粮食进口配额，推动形成境外种植和境内加工联动发展的产业格局，提高进口资源落地加工水平。二是积极争取中央多元化资金支持。积极争取丝路基金、亚洲基础设施投资银行、国内开发银行和国际金融组织等支持，建立中央企业支持沿边对口产业帮扶和培育机制。建议组织召开由国家发展改革委、商务等部委召集，相关央企和金融机构参加的联席工作会议，专题研究沿边地区投融资工作会议。

（三）实施自主开放，谋划重大开放平台

坚持自主开放原则，借鉴海南自由贸易试验区建设经验，积极争取中央支持，谋划国家级重大开放平台建设。以二连浩特和满洲里口岸为重点，将边境经济合作区、跨境经济合作区、保税区、县市区等沿边开放平台整合打造成集边境区域性加工制造、境外资源合作开发、生产服务、区域性国际物流采购等多功能为一体的特殊经济功能区，发挥内外两个扇面的联结辐射作用。结合内蒙古自治区开发开放特点，研究借鉴自由贸易试验区、自由贸易港等政策、制度创新经验，满足内蒙古沿边经济发展的特定需求，进一步提升沿边开放经济综合竞争优势，探索国家沿边合作的新模式、新路径，拓展全面开放新格局和区域协调发展新机制。

（四）发挥边境优势，创新双向合作模式

探索双边区域经济合作框架下的地方深度合作。2017 年 5 月 12 日，中国与蒙古国宣布启动自贸协定联合可行性研究，正式开启双边自贸区建设进程。自贸区建设有利于进一步扩大双方贸易和投资往来，并将提升东北亚乃至东亚的区域经济一体化水平。2019 年中蒙迎来建交 70 周年，双方共同安排庆祝活动，推动两国全面战略伙伴关系迈上新台阶。内蒙古自治区沿边城市参考中国和马来西亚"两国双园"的合作模式，与蒙古国沿边城市探索双边区域经济合作框架下的地方深度合作，采用"小组团"模式推动二连浩特跨境经济合作区建设，并进一步探索"两国双园"国际产能合作平台建设，加强农业、畜牧业、经贸、旅游、基础设施建设等领域合作。

积极对接、充分利用邻国政策。充分利用邻国的政策优势，与周边国家在政策、管理体制、标准协同等各方面推动务实合作。一是积极研究出台沿边经济发展与跨境产业合作的税收、进出境等方面的支持和便利政策，有效衔接双方相关管理措施，规避风险，实现合作共赢。二是以跨境合作区发展规划与产业选择为重点，充分研究、考虑邻国享受的欧美日普惠制政策与协定，科学制定原产地标准，提前部署第三方市场开发合作安排。

（五）坚持市场导向，发挥内引外联作用

支持有条件的沿边企业"走出去"参与境外周边地区开发建设，支持开展能源、原材料投资合作，加工半成品或成品进口国内。支持企业以仓储物流、生产加工、国际贸易为切入点，投资建设跨境和境外经贸合作区。重视招商引资政策灵活性，积极承接国内东部发达省份产业转移。务实解决企业落地的土地、人才、产业配套、软硬基础设施等问题，制定灵活的人才引进政策，加大力度优化营商环境。

二、统筹推进口岸城市协同发展

（一）推动口岸城市功能升级

目前，内蒙古自治区口岸以过货通关、产品加工服务、口岸商贸服务为主，产业结构单一，服务功能辐射面窄，难以对地区经济形成有效的拉动作用。为了进一步提升内蒙古自治区口岸对区域经济与社会的拉动水平，建议重点拓展口岸的商业性经济功能，围绕口岸通道—口岸经济—口岸城市的升级方向，打造前岸—中园—后城的空间布局模式，推动口岸功能由单一的公益设施向综合性公益与商业兼容的平台升级。

拓展口岸的商业性经济功能，实现口岸功能的优化升级。口岸功能优化升级分为三个阶段：第一阶段为口岸通道，其功能主要是对出入境人员、货物、物品、交通运输工具的检查、检验、检疫；第二阶段为口岸经济，其功能主要以过货通关服务、产品加工服务、口岸商贸服务等传统口岸经济发展模式为主；第三阶段为口岸城市，其功能主要以结算金融、进出口贸易、跨境旅游、现代服务为主，构建完整的口岸城市功能。建议改变内蒙古口岸功能较为单一的现状，大力发展口岸进出口贸易、进出口加工、国际物流、保税仓储、跨境旅游、人文交往、现代服务业等综合功能，实现口岸功能进一步完善（见图7-1）。

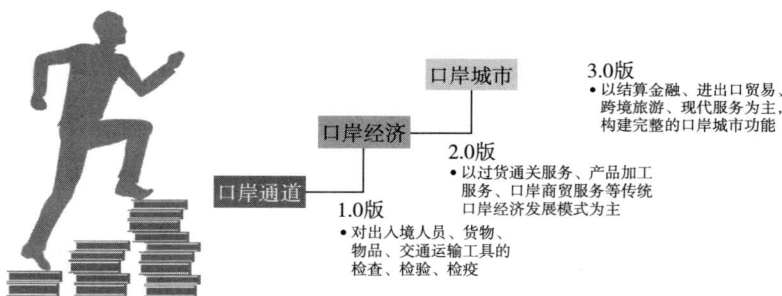

图7-1　口岸功能的优化升级

推动口岸功能布局优化，打造前岸—中园—后城的空间布局模式。"前岸"是指在最前方的口岸区建设口岸通道监管区，应扩大进口品类，增强发展活力；"中园"是指以工业+物流形成的产业支撑区，包括建设边境经济合作区及产业园区等平台，大力发展落地加工产业；"后城"是指在产业园区后方依托口岸经济发展城市或城镇。通过前岸—中园—后城的发展路径，带动口岸功能逐步升级，最终实现沿边经济的整体发展（见图7-2）。

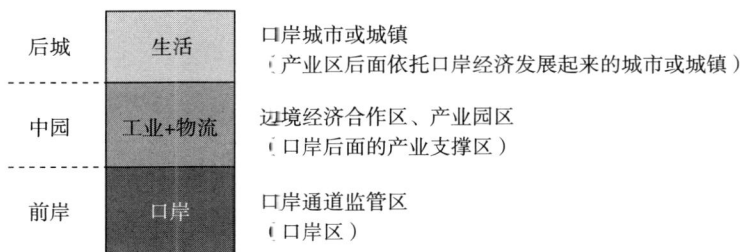

后城	生活	口岸城市或城镇 （产业区后面依托口岸经济发展起来的城市或城镇）
中园	工业+物流	边境经济合作区、产业园区 （口岸后面的产业支撑区）
前岸	口岸	口岸通道监管区 （口岸区）

图7-2 前岸—中园—后城的空间布局模式

（二）促进口岸城市集群发展

口岸集群发展是避免同质化竞争，实现口岸全面立体发展的重要策略。应根据内蒙古整体经济社会发展规划，对不同口岸进行不同的功能定位，明确中心口岸和口岸集群的错位发展策略，推进综合性口岸与专业性口岸双向建设，形成联动规模效应，发挥辐射带动作用，满足不同货物人员进入和不同贸易类型发展需要。

对口岸进行整体评估和统筹规划，明确作为区域发展增长极的中心口岸。增长极需要具备便利的区位和交通运输条件，其产业发展应该对周边产生带动和辐射作用，带动整个区域经济的发展，而不是以虹吸效应将周围所有的优势、资源、政策集中在增长极。中心口岸的选择应基于对各个口岸的评估，综合考虑各个口岸的区位优势、产业基础、物流条件、基础设施、外围要素水平、政府监管能力、政府服务水平等，从而明确作为增长极的中心口岸，确定各个口岸的特色优势和差异化发展定位，编制口岸的分工规划。

合理规划口岸集群发展模式，充分发挥极化效应和扩散效应。研究点—线—面—体的各级发展模式，建设立体化的国际物流中心。在"点"的层面，采用增长极开发模式，明确中心口岸的特色定位和物流模式；在"线"的层面，采用延轴开发模式，以流域物流和通道物流支撑口岸物流发展，确保对接国内物流体系；在"面"的层面，采用环圈开发模式，形成多业态纵横交错、相互融合发展的产业生态圈；在"体"的层面，采用跨国合作开发模式，推动国际区域合作，构建连接国内国外的物流节点。

（三）推动口岸城市联动发展

加强口岸与后方陆域的统筹规划。结合内蒙古各口岸自身优势及发展所存在的问题进行深入研究，并将口岸及落地加工园区进行科学统筹规划，以产业发展为主导，突出各口岸特色。合力建设边境经贸合作高端平台，西部以策克、乌力吉、甘其毛都、满都拉口岸为重点，打造对蒙能源资源战略通道、加工和储备基地；中部以二连浩特、珠恩嘎达布其口岸为重点，打造集商贸流通、综合加工、国际物流、跨境旅游、人文交往为一体的对蒙经济合作的主要示范区；东部以阿尔山、额布都格、阿日哈沙特口岸为重点，打造对蒙跨境旅游和生态产业合作区；东北以满洲里、黑山头、室韦口岸为重点，打造集商贸流通、综合加工、国际物流、跨境旅游、人文交往为一体的对俄经济合作主要示范区。

加强口岸与中欧班列的协同发展。在通关效率方面，进一步提升口岸物流信息电子化水平，在满洲里、二连浩特、甘其毛都、策克口岸区域及呼和浩特市实现公路、铁路、航空、海关特殊监管区、跨境电子商务综合试验区之间信息的电子化流转；在运输路线方面，加强多式联运，扩大中欧班列服务范围，优化中欧班列开行线路；加快促进边合区"小组团"开发，以边合区、综保区、跨合区等产业园区为平台，促进加工制造业产业生态圈形成，实现由"线"到"面"；在平台建设方面，探讨设立海外货物集散地或集结中心，将满洲里和二连浩特建设成为"中欧班列"北线综合服务保障基地；在客运方面，推进口岸的人员车辆往来的便利化，简化跨境自驾游流程，吸引外籍人口进入满洲里地区（包括呼伦贝尔）进行购物旅游，促进旅游业整体发展。

三、积极发展外向型产业集群

（一）结合区域功能定位，科学筛选产业

进口加工制造业的发展要充分结合邻国的资源禀赋和双边贸易条件，提升制造业进口生产资料在本地的加工转化比重。一是选择具备竞争优势的产品，即在双边贸易额中占据较大比重、市场容量与市场需求较大的产品。二是综合分析原材料关税与产成品关税之间的关系，准确筛选产业链环节及产业载体。例如，对于进口原材料税率低于进口成品税率的产品，可以以边境经济合作区为重点，发展下游深加工环节。对于进口原材料税率高于进口成品税率的产品，可以以海关特殊监管区、跨境经济合作区为重点，推动保税加工。三是针对受关税配额或进口许可证配额等政策限制的产品，可以推动其在跨境经济合作区落地加工，改变产品性质，降低进口约束限制。四是充分利用边民互市贸易政策，积极创造条件，借鉴先进地区的经验，发展具有邻国特色的产品。五是大力发展煤炭、铜矿、铁矿等进口矿产资源来料加工业务，推动"两头在外"的加工贸易产业发展。

出口加工制造业的发展要综合考虑外部市场的容量和增长趋势，明确出口目标，结合普惠制、贸易技术性规避等因素来筛选产业门类。一是结合邻国在美国和欧盟的普惠制贸易产品安排，发展相关出口加工产业；二是有效规避出口目的国对华贸易救济安排，合理筛选相关产业；三是以跨境经济合作区为重点，利用邻国原产地规则安排的优势，合作开发第三方市场；四是在有效筛选产业门类的基础上，结合出口商品的货源地分析，面向重点区域和企业进行精准招商。

配套产业的发展要紧紧围绕主导产业和核心产品，结合上下游关键环节进行科学规划与布局。例如，为了提高物流速度和物品的利用率，可以配套发展流通加工业、包装加工制造业等，发挥对主导产业的配套服务作用。

服务业的发展要结合党中央、国务院在新的历史时期赋予内蒙古自治区的新定位，拓展现有功能，重点在贸易洽谈、商品展示销售、仓储、运输、设备维修、会议会展等行业进行拓展。《按照国民经济行业分类》关于服务业的具体划分，科学划分服务业发展的三个层次，包括比较易于在近中期实现收益的支撑性收益产业、与高新产业紧密结合的创新引领性产业、为生产和生活正常运营提供必要保障的辅助性服务产业。

充分利用中欧班列优势，发挥中欧班列的辐射和带动作用，发展"班列经济"。一是打造中欧班列物流中转中心，发展出口市场采购的货物集散地，统筹发展货物的集散、展示、加工、销售环节，整列发运，积极拓展双向货源，解决货源不足的问题，降低运输成本；二是建设中欧班列北线综合服务保障基地，整合国际物流产业园区、综合保税区、边民互市贸易区、进口资源加工区、跨境电商试验区等平台，增设专业物流园，构建整体化、规模化、规范化的物流服务链条，鼓励中欧班列与邮政业务互动，大力发展跨境电商。

(二) 顺应产业转型升级要求，推动园区升级

促进口岸园区转型升级，着力吸引高质量企业入园。根据国际上产业园区的划分标准，产业园区发展可以分为四个不同的代际，不同代际的园区在产业体系、空间形态、社会功能和环保标准等方面均有所不同。按照产业园区代际升级的规律，产业体系由劳动密集型、资源加工型产业向技术密集型产业不断升级；空间形态由单一功能型厂房（如低密度的小尺寸厂房、低密度大规模车间厂房）向产城结合功能区不断升级；社会功能由单一生产功能向工作、学习、娱乐、生活于一体的多元化功能不断升级；环保标准由简单绿化种植向绿色生态园区不断升级（见图7-3）。

目前，伴随着沿海产业的不断转型升级，沿海地区正推动既有园区的升级改造。内蒙古自治区的园区发展应充分总结沿海地区的园区发展经验，避开弯路、科学规划，通过升级现有产业园区和高标准新建产业园区的方式推动产业载体的打造，导入产业资源，拓展产业门类，实现资源经济的就地转化。

环保标准
转变
从简单种植绿化向绿色生态园区转变

社会功能
转变
单一生产功能向多元化社区功能转变

空间形态
转变
从低密度厂房向集约型产业综合体转变

产业体系
转变
从劳动密集型、资本密集型产业向技术密集型、知识密集产业转变

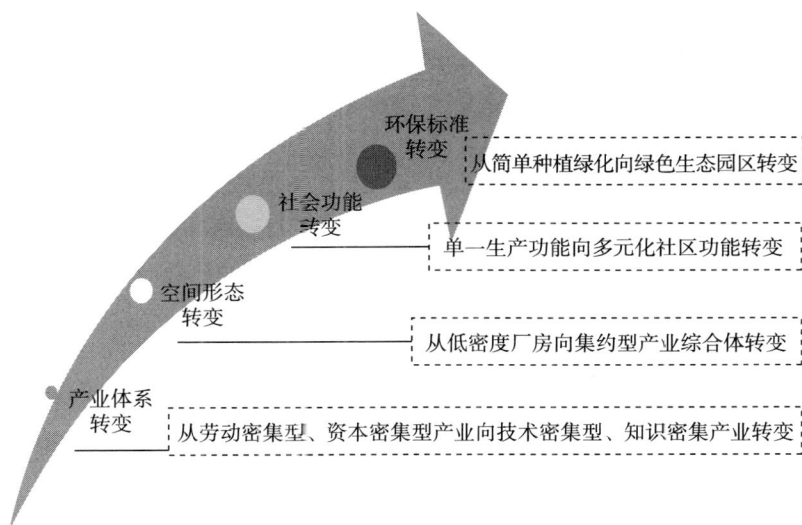

图 7-3 四代园区的升级转型

以"小组团"开发模式为重点,提升边境跨境经济合作区水平。"小组团"滚动开发模式是指边合区按照规划先行、小区块配套、分步建设开发、市场化运营的原则,充分发挥沿边区位优势,依托资源、市场特点对产业进行精准定位和产业链构建,依照地形地貌对产业进行组团和单元布局,制订精准招商计划,引入龙头企业,完善产业链配套,分片、分期进行滚动开发的模式。单个"小组团"原则上控制在 3 平方公里以内,主导产业不超过 3 个。重点发展 1 平方公里以内、产业定位清晰、功能配套灵活、龙头企业带动性强的"小组团"。图 7-4 所示为"小组团"滚动开发收益曲线。

"小组团"滚动开发具备以下几个特点:一是在规划布局上,依照边境地区地形地貌的特点,将整体规划和功能组团有机结合,形成特色鲜明的产业单元,体现资源节约、环境友好的特点;二是在开发时序上,不强调各个功能区的齐头并进,采取边建设边招商的模式,推动各个组团由中心向外围逐步扩展,建设一片,成熟一片,收益一片;三是在产业发展上,不强调产业的数量,按照当地和

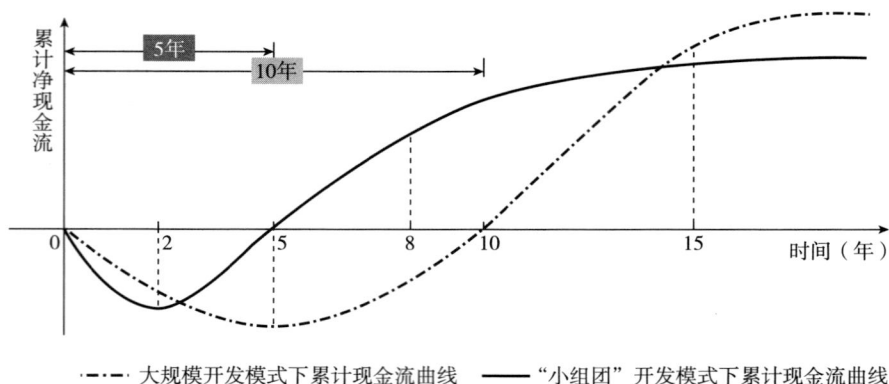

图7-4 "小组团"滚动开发收益曲线

周边国家的资源禀赋和市场特点，结合自身的比较优势，聚焦特色优势产业，实现精准招商，实现以龙头企业为核心，配套企业就近布局，定位清晰、功能突出、具备独立发展能力的产业单元；四是在开发模式上，更加注重市场化的开发模式，结合"小组团"开发门槛较低、资金需求较少等特点，积极引进央企、民企以及专业的开发机构，组建园区管委会与市场主体的合作平台，实现开发主体的多元化；五是在管理机制上，实行更加灵活的管理体制，当地政府依法赋予边合区和跨合区地方经济管理权限，支持它们在贸易投资、运输服务、旅游结算等领域创新管理体制和运行机制，为企业提供更加个性化的服务。

合力建设边境经贸合作高端平台，打造高端示范区；依托综合性口岸，结合周边口岸，合力建设边境经贸合作高端平台。东北以满洲里、黑山头、室韦口岸为重点，打造商贸流通、综合加工、国际物流、跨境旅游、人文交往为一体的对俄经济合作的示范区；东部以阿尔山、额布都格、阿日哈沙特口岸为重点，打造对蒙跨境旅游和生态产业合作区；中部以二连浩特、珠恩嘎达布其口岸为重点，打造集商贸流通、综合加工、国际物流、跨境旅游为一体的经济合作主示范区；西部以策克、乌力吉、甘其毛都、满都拉口岸为重点，打造对蒙能源、资源战略加工基地。

（三）积极发挥沿边区位优势，开展跨国产能合作

目前，沿边地区与邻国开展合作以原材料进口加工为主，该模式虽然可以充分利用邻国丰富的资源禀赋优势，但是往往受到检验检疫政策等因素的限制。以畜牧产品为例，一旦邻国暴发疫情，产品进口将严重受阻。此外，邻国资源类产品进口红利往往不可持续，根据国际经验，发展中国家会通过改变关税政策或其他非关税壁垒手段，限制原材料的直接出口。

近年来，内蒙古自治区鼓励企业到俄罗斯、蒙古国种粮，对于不能检疫准入的粮食品种，在当地进行收成后粗加工，将加工产品进口到国内，极大增强了沿边经济活力。经初步统计，目前已经有108家企业到俄罗斯、蒙古国种植，种植面积达143万公顷，覆盖油菜籽、小麦、燕麦、荞麦、亚麻籽等16个品种，发展势头良好，邻国的土地资源得到充分利用，对口岸落地经济的促进效果明显。因此，未来沿边地区要积极与邻国开展产业链上下游分工，实现产业发展的互惠双赢。要主动在邻国建设资源产品加工平台，参与境外合作区建设运营，鼓励企业在邻国进行投资和设备出口，在当地开展资源产品粗加工活动，将深加工与精加工环节布置在我国，实现产业链上下游的分工合作。

（四）推进区域产业合作对接，加强产业承接平台建设

要处理好面向国内开放和面向国际开放两大关系，积极发展外向型产业集群。从国内看，当前深化京津冀协同发展、推进北京非首都功能疏解，已经上升为国家战略，京蒙产业对接也迎来了新的重大发展机遇。在这样的大背景下，呼包鄂打造京津冀协同发展拓展区就是要在推动区域融合发展中，实现优势互补、互利共赢。从国际看，中蒙俄经济走廊是"一带一路"西出北上的重要一翼，内蒙古恰好处于"一带一路"向北和向西开放推进的国际经贸走廊连接点上，建设内蒙古连接欧亚经贸过境大通道十分必要。

推动建立高层联动机制。在呼包鄂协同发展、有效联动的基础上，积极开展

与京津冀等地区的交流对接，推动建立省市长联席会议制度、议事规则，搭建起双方顺畅、务实、高效的对话交流机制。要发挥区位优、资源足、政策好等综合优势，积极参与、主动对接、深度融入，努力做好区域协作、互利共赢这篇大文章。主动融入"一带一路"建设、中蒙俄经济走廊建设，加快中蒙自由贸易区、跨境经济合作区、综合保税区等开放平台规划建设，全面提升对外开放水平，助力京津冀不断扩大向西向北开放。

优化营商环境。进一步完善"一站式审批""一条龙服务"等体制机制，有效提升服务效能，为项目建设、产业发展提供公平透明、诚信高效的营商环境。

抓好各类产业承接平台建设。立足资源禀赋和发展定位，以承接北京非首都功能疏解为重点，抓好京津冀地区商贸物流、影视动漫、呼叫中心、后台服务等项目转移，积极探索产业跨区域转移的利益共享体制机制，促进区域产业高效对接和紧密合作。全力以赴推进和林格尔新区规划建设，打破市域内行政区划限制，整合各旗县区、开发区资源，推动产业项目优化布局，为京津冀产业项目转移搭建更加完善、更加广阔的承接平台。

强化人才培育引进。坚持"引""育"并重，制定出台有吸引力、有操作性的人才培育引进方案和优惠政策，为融入京津冀、承接产业转移提供强有力的智力支持。

四、进一步完善配套基础设施与服务

（一）加快推进区域基础设施互联互通水平不断提高

要在推动基础设施互联互通上下功夫，强化全域基础设施规划引领。加快京呼高铁建设，统筹抓好货运铁路、高速公路等跨区域重大基础设施以及能源基地和外送通道建设，加快陕京四线天然气管道项目推进，完善提升电力、通信等基础设施，推动形成布局合理、功能完善、衔接紧密、保障有力的现代基础设施网络体系。一是依托满洲里口岸，共建内联东北（黑吉辽、蒙东）经济区、大连

港、锦州港，外接俄罗斯欧亚大铁路至欧洲腹地，打造满洲里跨境自由贸易区和呼伦贝尔中蒙俄合作先导区；二是依托二连浩特口岸，共建内联京津冀经济区、天津港、秦皇岛港，外接蒙古国乌兰巴托铁路，延伸到俄罗斯欧亚大铁路连接至欧洲腹地，推进呼包鄂一体化协同发展，打造以呼包鄂为核心的沿黄河沿交通干线经济带；三是依托京包、包兰、兰西和临策—哈密铁路，共建向西经新疆至中亚的经贸大通道和连通中国、中亚、西亚的经济走廊，推动呼包鄂榆城市群开发开放；四是依托甘其毛都口岸，共建向北连接蒙古国新计划的铁路，联通蒙古国南部集聚区，向南连接西安、广西、广东，贯穿长江经济带，延伸到海上丝绸之路；五是依托珠恩嘎达布其口岸和二连浩特口岸，共建二连浩特经锡林浩特至锦州港大通道，连接锦州港、营口港及环渤海经济区，外接蒙古国东南部集聚区，直通俄罗斯欧亚大铁路，打造锡（林郭勒）赤（峰）朝（阳）锦（州）中蒙俄国际陆海经济走廊和合作示范区。

推进基础设施互联互通是参与中蒙俄经济走廊建设的基础性途径，也是强化通道联系的基础工程。内蒙古重要的战略地位和相对滞后的基础设施建设也决定了参与中蒙俄经济走廊建设必须加强对内对外基础设施互联互通建设。推进基础设施互联互通应以铁路、公路、民航和电力、通信网为纽带，应以跨境、跨省区公路、铁路为主骨架，以周边公路、水运、航空、管道、电网、光缆为辅助，以相关车站、港口、机场为节点，建设对接俄蒙，连接区域内各类城镇、产业集聚区及东北、环渤海等国内经济腹地基础设施，打通与国内外经济的战略联系，实现各种资源和生产力要素的跨国流动，从而建立沿国际交通线辐射的优势产业群、城镇体系、口岸体系以及边境经济合作区，形成优势互补、区域分工明确的发展格局。同时，要加强与沿线国家基础设施建设规划、技术标准体系的对接，协同推进交通、能源、水利、信息等跨经济走廊重大基础设施建设，重点推进国际骨干通道建设，优先打通缺失路段，畅通瓶颈路段，提升道路通达水平，推动形成布局合理、功能完善、衔接紧密、保障有力的现代化基础设施网络体系。

（二）促进公共服务供给数量和质量双提升

优化通道配套公共服务，全面提升区域发展水平，为推动全区经济社会转型升级发挥更大作用、做出更大贡献。强化创新能力建设，加快区域科技创新规划建设，利用创新引导基金的杠杆引领作用，持续加大对科技型企业扶持力度，实施创新企业培育、创新载体建设、研发机构创新升级等重点工程，激发社会创新动力活力，打造国家创新型城市，提升创新驱动水平。调整完善各类规划，深度融入京津冀协同发展、环渤海经济圈等重大战略。根据呼包鄂发展实际和产业特点，统筹调整完善产业发展、项目建设、基础设施、生态保护等各类规划，在打造京津冀协同发展拓展区中实现优势互补、良性互动。

围绕符合新时代发展要求、符合融合发展实际的总体需求，尽快出台一系列优惠政策措施，从能源保障、项目引进、人才培养、平台建设等多方面，整合区域教育、医疗、科技、文化、体育等社会资源，促进各类优质资源交流共享，推动区域公共服务一体化发展。特别是积极推动北京优质教育、卫生资源，采取嫁接、改造、联合共建等方式，支持和提升呼包鄂地区教育、医疗水平。积极引进京津冀地区中高职院校、科研机构，鼓励在呼包鄂开办分支机构。推动生态环境共保共治，强化生态治理信息共享。实行区域大气、水、土壤等重点领域污染联防联治，实行极端天气共同应急响应机制，深入实施"三北"防护林、京津风沙源治理等重点生态工程，构建生态廊道、共筑生态屏障，推动形成由山体、水系、湿地、林带等元素共同组成的网络化、多层次生态保护格局。

第八章　构建开放型科技创新体系

第一节　内蒙古科技创新能力总体评价

习近平总书记强调："科学技术是世界性的、时代性的，发展科学技术必须具有全球视野。不拒众流，方为江海。"随着经济全球化的发展，国际科技竞争日益激烈，为了抢占新兴技术先机和海外市场，各个国家及地区已将国际科技创新合作视作推动本国科技发展的重要途径。当前，内蒙古正处在科技自主创新、创新驱动发展的重要时期，建设开放型科技创新体系已经成为中国建设创新型国家和世界科技强国的重要方式。改革开放40多年来，内蒙古对外经济技术合作领域不断扩大，但与发达地区相比，与走好"生态优先、绿色发展"为导向的高质量发展新路子的要求相比，科技创新还存在不少短板。

从整体来看，内蒙古科技创新能力总体滞后，2019年全区研发经费投入强度为0.86%，居全国第25位，远低于全国2.23%的平均水平，基础研究领域投入强度尤为不足。其中，政府财政投入方面，2019年全区财政科技支出比重为

0.56%，同期全国均值为 2.91%，居全国第 29 位。财政科技投入的结构主要依靠自治区本级财政，盟市财政投入严重不足且不平衡，其中呼和浩特市最高，为 7.19 亿元，兴安盟最低，为 0.57 亿元。企业自身投入方面，2019 年全区规模以上制造业企业研发经费投入强度为 1.05，低于全国平均水平 1.18 个百分点。同时，企业创新主体地位不突出，自主研发能力不强。全区企业研发活动规模普遍偏小，关键领域创新能力不足，引领科技创新的成果较少。2019 年内蒙古规模以上制造业企业超过 1700 家，开展研发活动的不到 11%，不足全国平均水平的一半。内蒙古高水平创新平台匮乏。全区国家级创新平台数量只占到全国总数的 1.5% 左右。全国国家重点实验室共 500 个，内蒙古仅有 3 个；168 个国家级高新区中，内蒙古仅有 3 个；全区高校仅有 2 个国家级科研平台。

当前，科技创新已经成为制约内蒙古高质量发展的短板。分析其原因，科技创新领域开放不够，成为制约内蒙古科技创新能力提升的突出因素。从科技创新交流合作看，目前，内蒙古已同 183 个国家和地区建立了经济合作关系，2017 年，全区新设对外投资企业 47 家，主要投资于制造业、农林牧渔业、采矿业、餐饮业、互联网和相关服务业等，对"一带一路"沿线国家和地区的意向投资项目为 27 个，约占全区新设对外投资项目总数的 60%。但需要特别指出的是，尽管内蒙古科技创新能力有了较大提升，但高层次科技人才短缺导致国家级科研平台很少在内蒙古布局，加上区内科研平台、科研团队吸纳人才能力不强，人才引进难、留住难，高层次人才流失问题突出。由于创新资源要素的配置机制不完善，市场化程度不高，全区产业大部分处在价值链的中低端，竞争力主要依赖生产要素的低成本，许多"原字号"企业通过出售原料便能获取利润，以科技创新促转型发展动力不足。加之，一些高端产业因市场需求量小、研发投入大、风险水平高，导致企业研发积极性、主动性不高。科技创新体制机制不灵活，产学研衔接不紧密。高等院校、科研院所科技创新与企业技术需求信息不对称，与产业发展联结不紧密，科技项目不够聚焦，选题不够精准，产学研合作效果难以达到预期。科技成果信息共享机制不健全，没有形成以企业为主体、市场为导向的全链条成果转化服务体系，一些本地科技成果在业内领先，但因品牌影响力小而难以在更大范围内实现有效的推广或转化。

第二节　构建开放型科技创新体系是提升 科技创新能力的必然选择

一、构建开放型科技创新体系顺应经济科技全球化大势

创新国际化、全球化已经是一种大的趋势，它是全球创新资本流动和开放合作的产物。技术已成为全球创新、贸易或许可实施的战略性商品或资产。技术如同商品一样，已经在全球层面上进行开放创新、分工协作、价值链合作。掌握不同知识或信息资源的人员或机构合作可以提高研究成果质量及水平。开放让人们的思想在交流中升华，让知识、信息流动起来并不断得到新的知识、新的信息。一个研究机构及其研究人员对某方面知识或信息的掌握在一个国家之内由于较易扩散、传播而得到比较同质化的掌握，即一国之内对特定知识的掌握差异化不大，但是国与国之间研究人员对特定知识或信息的掌握差异明显。研究的国际合作和开放可以发挥知识互补优势，国际合作和开放比国内合作及开放更加具有经济价值。以科技为主要内容的创新竞争已经在全球层面展开，虽然各国专利权仍由政府自行授予，全球范围内尚未达成一致行动，但这阻挡不了科技创新全球化竞争的脚步。可以说，研发投资与合作全球化是经济全球化的一部分，发展趋势不可阻挡，必须顺应、参与并加以利用。

创新全球化是客观规律。中国科技创新体制体系构建不能只着眼自身，要放

眼世界，要参与创新全球化，适应创新全球化趋势，中国科技创新体制体系就不能封闭，而要开放，而且需要遵循科技创新自身要求开放与合作的内在规律。因此，中国必须相应构建开放型科技创新体制体系，这是顺应这些规律的必然的科学选择。随着中国参与全球化的深入，中国创新体制体系必须相应做出调整和转型，构建与市场经济体制相适应的开放的新体系，中国需要顺应科技创新全球化大势，参与创新国际分工，发挥中国科技创新比较优势和竞争优势，在全球范围内优化配置科技创新资源，促进科技创新资源流动及成果贸易，降低科技创新成本和风险，实现创新优势互补，降低市场和科技创新不确定性及风险，降低合作及其成果所有权交易成本，提高创新效率和创新水平，增强创新能力，提升我国科技创新在全球创新价值链中的地位。

二、构建开放型科技创新体系符合大众创业、万众创新需要

构建开放式创新体制体系的目标就是让各类企业、科研机构、大学、科技中介服务机构和科技工作者以及资金、设备、技术等要素可以进入科技创新领域。只有建立基于市场经济体制机制的开放型科技创新体制，才能提供大众创业、万众创新的体制环境。与市场经济体制相适应的创新体系是开放型的，满足万众创新的发展目标要求。所谓"万众创新"，就是数以千万计的广大企业作为市场主体参与到火热的自主创新热潮之中，形成社会广泛参与的分工有序的开放式创新局面。要推动开放式科技创新，深化国际科技合作，加强产学研协同，集聚优化创新要素，要推动大众创业、万众创新，着力激发全社会创新潜能。

国家创新体制体系不是某些特定研究机构和特定所有制的企业参与的任务，而是一个全国各相关组织机构、企事业单位以及广大科研工作者通过市场竞争和有序的创新分工安排形成社会广泛参与的开放的科技创新生态体制体系。各市场主体都会在市场机制调配下选择与自身资源、能力和定位目标相匹配的创新分工项目，并在创新竞争和市场竞争中不断调整自己的分工地位。只有契合、匹配市场的技术创新成果才有可能取得商业化成功。无论多么先进或落后的技术创新成果，如果没有贴近市场需求，都难以被市场接受，难以产业化或商业化，这种技术创新都是不成功的。因此，只有建立基于市场体制机制的开放的科技创新体制机制以及创新生态体系，才能满足实现大众创业、万众创新的体制环境要求。

开放型科技创新体制是一种可以促进科技与经济紧密结合、产学研密切分工协作、军民协同创新、国内科技创新主体与全球同行加强互利合作实现万众创新目标的新体制。开放的科技创新体制有助于全社会各类企业、科研机构、科技中介服务机构、大学、国家实验室等各界广泛合作交流、共享资源，合作开发科技成果，形成万众创新的互利共赢局面，从而达到转变既有的计划体制或封闭体制为开放型科技创新体制的改革目标，落实创新驱动发展战略，把经济与科技创新在开放的市场机制下有机结合起来，解决产学研长期存在的"两张皮"问题，特别是解决科技创新体制与市场机制不兼容的问题，让价值规律和市场机制把科技创新效率效益和创新能力推高到最大限度。

三、构建开放型科技创新体系是提高内蒙古创新能力的必然要求

习近平总书记指出："我们强调自主创新，绝不是要关起门来搞创新。"在经济全球化深入发展的大背景下，创新资源在世界范围内加快流动，各国经济科技联系更加紧密，任何一个国家都不可能孤立依靠自己的力量解决所有创新难题。要深化国际交流合作，充分利用全球创新资源。同时，我国开放发展40多年的经验表明，开放是提升科技创新能力的有效路径，开放合作是抓住新一轮科技革命重大机遇的必然选择。

近年来，内蒙古围绕开放合作加快推进"科技兴蒙"行动，建立和完善以"4+8+N"（"4"指科技部、内蒙古自治区、北京市、广东省4个政府及所属部门，"8"是指中国科学院、中国工程院、清华大学、北京大学、上海交通大学、中国农业科学院、中国农业大学、北京钢研集团8个国内高水平大学、科研院

所，"N"是指除"4+8"之外的其他合作创新主体）为主体的合作机制和重点，并取得了一定的成效，促进了内蒙古科技创新能力和水平的提升。但总的来看，内蒙古科技创新能力与实现创新驱动的发展动力的根本转变仍不适应。习近平总书记所讲的"内蒙古经济转型仍面临不少不利因素"，其中的一个不利因素就是科技创新能力提升慢。主要原因一方面是自主创新能力不足，另一方面是科技成果转化的水平不高。在内蒙古科技投入强度长期低于全国平均水平、人才流失严重的情况下，内蒙古的科技创新更多地需要通过配置全国乃至国际创新资源，通过打造科技成果"转化池"更好地帮助内蒙古提升科技创新能力和水平。

四、构建开放型科技创新体系是内蒙古抢抓新一轮产业革命促转型的有效路径

在"3060"目标要求下，未来能源的发展将朝着清洁化、智慧化、能源互联的方向发展，我国清洁能源比例将不断扩大，能源革命正在全面推开，分布式能源技术、智能电网技术、储能技术、能源互联网等技术新业态新模式研究和普及得到前所未有的重视，氢能等前沿技术的研发和示范也正在加紧部署。内蒙古作为国家重要的能源基地，需要抓住能源革命的契机，扩大能源领域技术合作，抢占能源革命制高点，推动能源经济的转型。

同时，以信息技术为代表，包括新能源、新材料、生物技术、航空航天等在内的新一轮技术革命进入空前密集活跃期，科学技术新发现、新发明呈现非线性、爆发式增长，直接转化为生产力和经济效益的周期大为缩短。技术革新与商业模式创新使产业之间呈现高度融合的新特征，技术革新不仅催生了新经济的加快成长，还为提升和改造传统产业腾挪出了巨大空间。内蒙古只有通过进一步科技合作，才能引入更多新产业、新技术、新业态、新模式，促进发展方式的转型和产业结构的调整。

第三节 开放型创新提升内蒙古区域创新能力的实践

一、集聚各级政府的力量，构建适合内蒙古区情的开放式区域科技创新体系

充分利用西部大开发等国家支持西部地区发展的一系列政策措施，根据区域高度开放条件下和区域经济发展新阶段区域科技创新资源要素呈现的新特征和新型运动趋势，制定制度措施进行体制改革，创造良好的科技创新环境，改变以往区域封闭的思想观念，打破区域界限，依靠本地区的特色优势资源和廉价劳动力，吸引域外的科技创新资源，内外结合构建适合本地区的开放式区域科技创新体系。

（一）各级政府分工协作形成营造开放型创新氛围的强大合力

支持双创基地建设开放型创新平台仅靠自治区政府或双创基地所在地政府都是远远不够的。首先，要集合起各级政府的力量和优势。如自治区级政府重点发挥对外联络的渠道优势，集聚、利用外部可利用的创新资源，同时优化配置区内创新资源，对区内各基地开放型创新平台建设进行统筹协调；各盟市政府重点联系协调本地企业和科研院所，集聚、利用本地的创新资源。其次，各级政府对开放型创新平台建设要齐抓共管。国家级双创示范基地要争取更多的中央预算内投资和专项建设基金，自治区级双创基地则需要各级政府加大资金投入的力度，引导社会资金进入双创基地的重大研发项目，并进一步推进税收支持政策创新、分配政策创新等。最后，成立专业的科技创新管理咨询机构，负责对科技创新项目进行评价筛选，淘汰那些重复性、创新性不强的创新研究项目，把可利用的内外部创新资源用于前瞻性强、应用范围广、产业带动作用突出的合作创新项目。广

东省深圳市是中共中央、国务院确定的建设中国特色社会主义先行示范区，在鼓励区域创新发展方面建立了较完善的制度体系并形成了良好的政策环境。内蒙古要结合自身实际，积极学习深圳等东部发达地区在实施开放型创新方面的做法、经验，并在全区范围内积极推广和实践。

（二）着力引导内外部创新机构合作和促进创新人才流动

政府支持开放型创新平台建设除了完善顶层设计和对创新项目给予必要的财政支持外，还应该突出以下两个重点：首先，要重点支持世界 500 强、国内 500 强企业在基地内设立分支机构、研发中心和实验室。支持基地骨干企业联合高校、科研院所、上下游企业等组建产业技术联盟。鼓励与区外知名高校、科研机构开展多层次合作，共建一批产业技术研究院、技术转移机构等开放式创新平台。鼓励高校、科研院所与企业、社会组织等在基地内建设大学科技园、技术转移机构、重大科技成果中试熟化基地、科技成果产业化基地。对新建的开放式创新平台，在土地保障、资金筹措、财政税收、公共配套等方面开通"绿色"通道。其次，要依托高水平创新平台，吸引各类创新人才。重点引进一批具有国际视野和拥有国际领先成果的高层次创新领军人才和创新团队。在具体实践过程中，一是把招商引资和招才引智相结合，以项目为纽带，引进各类人才和团队；二是扩大特聘研究员试点范围，在符合条件的科研院所、企业设置特聘研究员岗位，面向海内外引进高层次人才；三是进一步完善激励政策，内蒙古自治区财政要统筹相关资金，对符合条件的高层次创新人才和创新团队给予大额科研创新资助。

（三）致力于形成全区的开放型创新平台体系

目前，内蒙古已经形成了一批国家级和自治区级双创基地，基于对开放式创新重要意义的认识，在区内建设不同级别的开放型创新平台，不仅是促进全区创新发展的必要条件，也是双创示范基地更好地发挥示范效应的客观要求。开放型创新作为创新发展的一个重要趋势，开放型创新平台将在区域创新活动中发挥越来越重要的作用。基于此，建设开放型创新平台应该成为内蒙古各类双创示范基地的一项共同任务。正如全区的双创基地建设需要统筹协调管理一样，双创基地的开放型创新平台建设也应该在区内形成一个有机的系统。要密切结合内蒙古发展更高层次开放型经济的需要，充分考虑区内各个双创基地建设的实际情况，利用内蒙古已有的开放门户、开放平台、开放载体和开放渠道，重点规划建设一批综合功能强、辐射作用突出、服务全区的开放型创新平台，积极开展服务区域创新发展的双创活动和行业双创活动，打造区域特色和产业特色突出的地方性、行业性开放型创新平台，形成全区的开放型创新平台体系。

二、建设高层次的开放型创新平台，探索自主创新与开放式创新密切结合的示范模式

呼包鄂地区是内蒙古重要的经济活跃区域之一。打造呼包鄂自主创新试验区是贯彻落实习近平新时代中国特色社会主义思想的重要举措。在自治区党委政府统一领导下，呼包鄂三市政府积极行动、统一部署，从政策、战略、规划、项目、人才、平台等各个方面加强了培育工作，取得了一定的成效，在创建国家自主创新区方面走出了一条符合自身实际的特色发展之路。

（一）围绕优势特色产业集聚高科技企业

稀土企业汇聚，稀土产品升级。包头稀土高新区稀土企业不断集聚，江馨微电机、稀宝医疗、英斯特等一批"稀土+"企业快速发展，逐步形成国内高附加值稀土材料及下游应用高地。稀土产品升级到中高级，当前稀土永磁材料的科技含量、稀土抛光材料品质和技术均处于国内领先水平。

煤化工产业转型加快。鄂尔多斯拥有世界首套百万吨级煤直接液化项目和世界最大的煤制烯烃项目，煤制油、煤制气、煤制烯烃、煤制乙二醇等技术路线齐全，向精细化工产业和新材料高附加值环节延伸的条件成熟。

资源、能源与数据产业闭不发展。呼和浩特借助电力资源优势、大数据存储优势，运用互联网、云计算、物联网、大数据等技术，形成了发电、配电、用电、精准指导生态修复和农牧业生产、提升产业价值链的一整套全方位一体化的循环发展体系。

（二）围绕产学研合作建设了一批创新平台

呼包鄂三市通过支持院地、院企合作建立创新平台等方式，创新合作模式，吸引高水平科技创新资源集聚和新技术、新产品的落地，并以新型研发机构、企业创新平台、专业特色科技服务体系提升产业技术创新能力。目前，呼包鄂三市的高新区拥有 6 个国家级企业技术中心，60 个自治区级企业技术中心，为开展产业技术创新、推动产业向中高端迈进形成有力支撑。

（三）围绕创新成果转化构建创新孵化体系

呼包鄂三市协同发展带动沿边经济创新发展。呼和浩特通过加大培育科技中介机构力度，鼓励服务机构提供研究开发、技术转移、知识产权、创业孵化等服务，逐步构建覆盖科技创新全链条的服务体系。包头重点通过产业高端化与价值链跃升，加快抢占高端、高效、高附加值和战略产业，培育产业增长点。其中，包头稀土高新区已形成科技型企业培育梯队，构建了"创业苗圃+孵化器+加速器+产业园区"的全链条孵化体系，形成 14 万平方米创新创业孵化基地，累计孵化企业 1910 家。鄂尔多斯已向清洁能源等方向延伸产业价值链，鄂尔多斯高新区打造了"众创+孵化+加速+中试"的创业孵化链条，建设科研创新平台，提升煤化工等传统产业研发创新能力，实现云计算、大数据产业率先突破，新旧动能转化路径日渐清晰。

（四）围绕开放合作加强协同创新

呼包鄂三市不断加强与京津冀、长三角等地区高校、科研院所合作，引进落地北京大学、天津大学、浙江大学、中国科学院等院所创新平台，推动人才、技术与优质项目集聚，还通过举办中蒙俄智库国际论坛、中蒙博览会等活动，扩大科技创新合作机遇。同时，呼包鄂城市群协同发展加快推进，建立了呼包鄂协同发展联席会议制度，出台了协同发展实施意见等政策文件，为三市创新要素配置提供保障，加快一体化过程。

第四节　以开放型创新提升内蒙古科技创新能力

习近平总书记指出："中国开放的大门不会关闭，只会越开越大。"中国正顺应创新全球化大趋势，加快建设开放式创新体制体系的步伐。内蒙古作为西部地区，应该抓住国家向北开放的桥头堡、中蒙俄经济走廊重要节点等有利条件，充分发挥自身的比较优势，积极构建区域开放型创新体系，整合区内外科技创新资源，提高科技创新能力，推动区域经济高质量发展。

一、建设开放型创新的平台载体

对内对外开放合作要有的放矢。内蒙古各盟市创新资源分布不均、创新能力区域差异性较大，推动建立内蒙古开放型创新体系，首先要在创新资源较为集中、特色产业资源比较集聚的地区开展突破、试点或示范，一方面承担自主创新功能，另一方面承载科技成果试验转移转化功能。在自治区层面，东部地区要依托赤峰、通辽国家资源型产业转型示范城市，建设东部地区的对外创新合作平台。

黄河流域要抓住黄河流域生态保护和高质量发展战略，积极争取国家支持，争取在内蒙古黄河流域布局重大科技创新基础设施。同时，要利用黄河流域创新资源相对丰富的优势，加快创建呼包鄂国家自主创新示范区，建设鄂尔多斯可持续发展议程创新示范区、巴彦淖尔国家农业高新技术产业示范区和国家稀土新材料技术创新中心。

二、完善技术交易市场

科技合作要突出市场在资源配置中的决定性作用，加快培育技术交易市场。《2019 年度内蒙古自治区技术市场统计监测公报》（以下简称《公报》）显示，2019 年内蒙古各级技术市场管理部门（机构）共认定登记技术合同 1217 项，完成技术合同交易额 259957.5 万元，较上年分别增长 48.23% 和 17.07%。其中，航空航天、新材料及其应用以及生物、医药和医疗器械技术排在内蒙古技术领域交易成交额的前三位。同时，专利技术在技术市场平台的交易量逐年增加，2019 年内蒙古涉及知识产权的技术合同共 383 项，成交额为 132737.01 万元，占内蒙古认定登记技术合同成交额的 51.06%。由此可见，内蒙古科技交易市场处于上升和活跃期。

对此，内蒙古要加快建设内蒙古科技大市场，围绕传统特色产业升级、战略性新兴产业的培育、新能源经济的发展，利用互联网信息技术、电子商务、大数据技术等把国内外技术交易活动转移到在线互动平台上，集成在线技术交易信息，提供信息发布、融资并购、公开挂牌、竞价拍卖、咨询等技术交易信息增值服务。发展技术交易服务代理商，培训技术交易经纪人，制定严格的技术交易规范和流程以及纠纷解决机制。

三、突出科技合作的"在地化"

科技合作的最终目的是要解决当地科技创新能力弱、技术成果供给不足等问题，加快和促进本地区经济社会发展。目前，全国各省份均与全国的知名院校、科研机构建立了科技合作项目，政府帮助建设科研基础设施、出资经费保障。但现实情况中，部分科研院所和机构立项后，其成果研发、试验和转化等环节均未在当地进行，实际产生的效果与科研经费的投入并不相符，或者只有项目没有效果。对此，在开展政府与科研机构间创新合作项目过程中，要探索推行科技合作承诺制，对发生在当地的科技活动予以承诺。同时，加强对科技合作项目事中、事后的监管，对合作项目产生的成效开展第三方评估或自评估。

四、积极承接产业转移

从过往经验来看，推动技术创新和产业技术升级的最直接的办法就是加快承接产业转移。例如，通辽市霍林郭勒产业园承接的安徽铝银浆生产线，直接填补了内蒙古高端铝后深加工的技术空白之一，也使内蒙古铝银浆的产量跃居全国第一位，占全国总产量的1/3、全球产量的1/5。因此，内蒙古还应进一步加大产业承接转移的力度、精准度。当前，在碳达峰与碳中和的目标要求下，东部地区新一轮的产业转移即将开启，对内蒙古而言，在承接新一轮产业转移时，要对标国家先进能耗水平，结合产业基础，承接一批技术含量好、单位GDP能耗强度低的产业，推动产业升级。同时，内蒙古要完善利益共享机制，与京津冀、长三角和粤港澳大湾区开展定向的"飞地"园区合作，加快产业转移速度。

五、营造开放式创新的环境

内蒙古要适应开放型科技创新体制的特征和要求，建立开放型政府管理理念、管理手段、管理机制和管理目标，转变政府职能，强化服务、支持和弥补市场功能缺陷的作用，突出政府在科技战略规划、政策制定、环境营造、公共服务、监督评估和重大任务实施等方面的职能，重点支持市场不能有效配置资源的基础性、前沿性、公益性、重大共性关键技术的研究与开发活动，积极营造有利于创新创业的市场和社会环境。

大力推广多种形式的研发开放试验区。从自治区、盟市等多个层次上建设一批研发开放试验区，完善创新制度、创新体系和创新条件，培育友好、互惠互利的平台和界面，开放符合条件的各类研究机构和实验室，以优良的设施、条件、环境吸引企业研发机构向研发试验区聚集，促进高新技术开发区、试验区、示范区等向研发开放试验区转型升级。通过发展形式多样、功能或领域分工明确的研发开放试验区，发展创新服务业及相关服务业，特别是创新风险服务业。给予研发开放试验区在税收、土地、公共设施以及水电供应等方面的优惠政策，引导国内外企业把研发机构或研发中心向功能和领域分工不同的研发开放试验区聚集，发挥人才流动和技术交流的规模优势，采取宽松自由的试验区人力资源管理政策，吸引高端管理人才、研发人才和外国同行同台展开技术竞逐。在创新资助政策上要严格与宽容相济，严格管理、宽容失败，充分发挥每个人才的智力潜能。

第九章　建设中蒙俄经济走廊的国际交往枢纽

第一节　建设中蒙俄经济走廊国际交往枢纽的基础和条件

　　"枢纽"指重要的部分，是事物相互联系的中心环节。从字面意思上看，"枢纽"侧重事物关键连接处。国际交往枢纽从内涵上应具有国际交往中心的一些特点，比如能够在地区乃至全球舞台发挥重要作用，是各类有形无形资源的融通和配置中心，是世界政治、经济、文化的管理中枢，以及全球交通、信息中心。在外延上，国际交往枢纽应是国家与国家交往中具有关键点的地方，比如在地理区位上具有连接性，在战略上具有不可替代的关键作用，具有重要价值。从这个意义上讲，内蒙古就是中国与俄罗斯、蒙古国国际交往的关键连接处，具有国际枢纽作用。

　　内蒙古地处中国北疆，历来与蒙古国、俄罗斯经贸、人员往来频繁，历史上曾是"万里茶道"的重要通道。万里茶道通过茶叶贸易把中国内地、蒙古国地区和俄罗斯等国家串联在一起，这是一条连接中国与蒙俄的商道，与今天中蒙俄经济走廊建设规划的地理范围是重合的。万里茶道是中蒙俄三国重要的历史文化资源，也是珍贵的世界文化遗产，为当今中蒙俄经济走廊建设、内蒙古向北开放、建设国际交往枢纽奠定了深厚的历史基础。

改革开放以来，内蒙古根据国家战略和地区特点，不断调整对外开放战略，确立了"向北开放"为核心的全方位开放战略。近年来，内蒙古对外开放水平不断提升，在友城数量、国际会展、平台建设、人文交流等方面取得了长足的进步，为建设中蒙俄经济走廊国际交往枢纽奠定了基础。

一、突出的区位和交通优势

内蒙古跨越了中国的"三北"，即东北、华北和西北地区，还与环渤海经济圈的各地区相邻，是我国北上西出的重要交通枢纽。内蒙古北部还与蒙古国和俄罗斯接壤，是中国向北开放的核心区域，更是推进中国与中亚、东欧国家经贸合作与文化交流的重要门户。

在与蒙古国的对外开放方面，内蒙古坐拥着中国通向蒙古国的铁路口岸——二连浩特口岸，是货物输送到蒙古国最为便捷的道路。由于蒙古国的基础设施与城市建设较为落后，且建筑材料匮乏，于是内蒙古成为了向蒙古国提供这些材料与服务的最有力的帮手。在与俄罗斯的对外开放方面，1901 年，内蒙古满洲里铁路口岸的开通与使用，标志着中国规模最大、过货量最多的口岸的出现。1998年，内蒙古满洲里国际公路口岸正式运行，且中国通往俄罗斯的公路运输中，有65％都需要经过内蒙古的口岸。除此之外，在中国目前现有的可以通往俄罗斯首都莫斯科的三条欧亚大陆桥中，其中两条经过内蒙古，另外一条也有一半途经内蒙古。由此可以看出，内蒙古有着优势区位和更近的运距，在蒙俄的合作交流中有着重要的地位。在中蒙俄经济走廊的各路走向中，无论是走东线、西线还是中线，都要经过内蒙古的各个口岸才能通向蒙古国与俄罗斯。

通过深入推进中蒙俄经济走廊建设，可以带动中国沿海地区与内陆省份同欧亚市场的合作进程，内蒙古自治区还将起到枢纽作用。2014 年，中国建设了苏满欧铁路专线，这条专线是内蒙古满洲里市与江苏省苏州市联合组建的。苏满欧运输专线的开通运行与其他跨国运输线路相比，展现了巨大的优越性和效益性。在区位和交通方面，内蒙古相比其他省份有着非常大的优势。内蒙古目前已经形成了多维交通并存的模式，即公路、铁路、航空并存的交通模式。在公路方面，二连浩特至蒙古国首都乌兰巴托总长 660 千米的公路全线贯通，该条路是连接中俄的纵向主干道；在航空方面，内蒙古已建成呼和浩特、满洲里、海拉尔、二连浩特、鄂尔多斯 5 个国际机场；在铁路方面，中方滨洲铁路向北延伸，通过俄罗斯边境城市赤塔与俄罗斯的跨西伯利亚铁路相连，集宁—二连浩特铁路贯穿蒙古国的扎门乌德、乌兰巴托到俄罗斯的乌兰乌德。

二、友好城市数量不断增长

缔结友好城市被认为是城市间加强国际交流的一种必要且有效的制度工具。友好城市在美国被称为姊妹城（Sister City），在英国与加拿大被称为 TWINS（Twin City），在德国被称为"Partnerstadt"，日本则既使用"姊妹城市"也使用"友好城市"。城市间交流可以加强各国人民间的相互理解，提升地方经济活力，推动两国关系发展，维持世界和平。

目前，内蒙古与 3 个国家缔结 4 个自治区级的友好地区，与 11 个国家的 22 个城市建立市级友好城市，与 6 个国家的 21 个城市建立县级友好城市。具体从俄罗斯、蒙古国两国来讲，内蒙古与俄罗斯已经建立了 10 对友好城市关系，与蒙古国建立了 20 对友好城市关系，为深化与蒙古国、俄罗斯全方位合作奠定了坚实的民间基础（见表9-1、表9-2）。①

表9-1　自治区级友好地区

	内蒙古自治区	国外地区	缔结时间
1	内蒙古自治区	俄罗斯外贝加尔边疆区	1990 年 9 月 15 日
2	内蒙古自治区	美国加利福尼亚州	2000 年 5 月 11 日
3	内蒙古自治区	俄罗斯图瓦共和国	2007 年 12 月 10 日
4	内蒙古自治区	蒙古国戈壁阿尔泰省	2009 年 12 月 6 日

表9-2　市级友好城市

	内蒙古自治区城市	国外城市	缔结时间
1	呼和浩特市	日本爱知县冈崎市	1987 年 8 月 10 日
2	赤峰市	日本爱知县稻泽市	1989 年 5 月 16 日
3	呼和浩特市	蒙古国乌兰巴托市	1991 年 12 月 10 日
4	包头市	蒙古国鄂尔浑省	1992 年 12 月 12 日
5	包头市	美国得克萨斯州埃尔帕索市	1994 年 10 月 17 日
6	呼和浩特市	美国加利福尼亚州洛杉矶郡	1998 年 10 月 6 日
7	包头市	法国夏朗德滨海省拉罗谢尔市	1999 年 3 月 2 日
8	呼和浩特市	俄罗斯布里亚特共和国乌兰乌德市	2000 年 12 月 6 日
9	包头市	南非共和国普马兰加省内尔斯普雷特市	2002 年 5 月 8 日
10	巴彦淖尔市	蒙古国南戈壁省	2006 年 12 月 20 日
11	呼伦贝尔市	蒙古国东方省	2007 年 1 月 6 日
12	呼和浩特市	韩国首尔特别市冠岳区	2012 年 8 月 29 日
13	通辽市	匈牙利德布勒森市	2008 年 4 月 14 日
14	呼伦贝尔市	蒙古国乌兰巴托市苏和巴托区	2013 年 10 月 28 日
15	鄂尔多斯市	瑞士克莱恩—蒙塔纳市	2014 年 7 月 31 日
16	阿拉善盟	蒙古国南戈壁省	2015 年 4 月 3 日
17	赤峰市	黑山尼克希奇市	2015 年 10 月 8 日

① 　根据内蒙古外事办资料整理：内蒙古自治区人民政府外事办公室，http：//www. nmgfao. gov. cn/web/news. asp？nc＝12. 51。

	内蒙古自治区城市	国外城市	缔结时间
18	赤峰市	蒙古国后杭盖省	2015 年 8 月 26 日
19	乌海市	意大利普利亚大区圣特拉姆市	2017 年 6 月 28 日
20	通辽市	蒙古国肯特省	2018 年 3 月 1 日
21	呼伦贝尔市	蒙古国肯特省	2018 年 9 月 2 日
22	乌海市	蒙古国达尔汗乌拉省	2018 年 11 月 16 日

资料来源：内蒙古外事办网站，http：//www. nmgfao. gov. cn/web/news. asp？rc = 12. 51。

三、国际会展、论坛蓬勃发展

目前，内蒙古积极打造的大型国际会展、论坛有中蒙博览会、二连浩特中蒙俄经贸合作洽谈会、库布其国际沙漠论坛、国际马文化博览会、"万里茶道"文化旅游博览会等。

1. 中蒙博览会

中蒙博览会是中蒙两国政府共同主办、面向全球的国际性展会。习近平主席对办好中蒙博览会给予高度重视、寄予殷切期望，不仅在首届博览会开幕之际专门致信祝贺，还在 2019 年 7 月考察内蒙古时叮嘱要认真做好相关工作。这是中国政府为推动中蒙两国乃至东北亚经贸合作和人文交流打造的重要平台。首届中蒙博览会于 2015 年 10 月 23～27 日在呼和浩特举行。会上共签署各类合作协议 166 项，协议投资额达 1485.9 亿元；8000 余人组团参加了展览展示活动，观展人数达 80 余万人，现场交易额及意向协议 6 亿多元。2017 年举办了第二届中蒙博览会，蒙古国共有 1300 名代表参加，文化体育活动有 240 名代表参加，约 720 家蒙古国参展企业在五天的时间完成 680 万元的销售额，销售额比首届博览会增加 5 倍，同时双方企业共签署 18 项合作协议，协议金额约 8.43 亿美元[①]。2019

[①] 建设中蒙俄经济走廊推进东北亚区域合作第三届中蒙博览会新闻发布会在北京举行［EB/OL］. 内蒙古自治区人民政府网，http：//www. nmg. gov. cn/art/2019/6/4/art_ 1081_ 266607. html，2019-06-04.

年中蒙博览会在乌兰察布和呼和浩特两地同时举办，同期召开了中国—蒙古国博览会开幕式暨东北亚区域合作高峰论坛、中国—蒙古国博览会国际中蒙医药产业发展论坛。中蒙博览会经过各方 4 年多的努力和培育，受到的关注越来越多，成果也越来越务实，正在成为促进中蒙两国乃至东北亚各国经贸往来的重要平台。

2. 二连浩特中蒙俄经贸合作洽谈会

截止到 2018 年，二连浩特中蒙俄经贸合作洽谈会（以下简称"二洽会"）已举办十届。上一届合作洽谈会由内蒙古自治区人民政府、蒙古国乌兰巴托市政府、蒙古国东戈壁省政府、俄罗斯联邦布里亚特共和国政府、俄罗斯联邦伊尔库茨克州政府联合主办，以"推进'一带一路'建设、拓展开放发展空间"为主题，致力于推动中蒙俄三国互利共赢的合作关系，共有中蒙俄路桥沿线地区政府、商会、企业 3500 余人参加，签订合作协议 11 个，协议资金达 83.18 亿元。其中，商品展洽会参展企业达 700 多家，主要来自中国、蒙古国、俄罗斯、韩国等国家和地区，展出的商品有新能源、人工智能、珠宝玉器、服装服饰、民族工艺品、食品等 8 类 100 多个品种。2019 年 8 月，以"共建中蒙俄经济走廊，携手开创新时代"为主题的 2019·中国二连浩特中蒙俄经贸合作洽谈会开幕。"二洽会"举办 10 年来，吸引了来自中蒙俄陆桥沿线地区官方、商会、企业、媒体等各领域的广泛关注。前来参会的企业通过"二洽会"累计签约项目达 172 项，协议资金达 730 多亿元。[①]

3. 库布其国际沙漠论坛

作为联合国环境规划署主办的、全球唯一以沙漠为主题的高级别国际论坛，自 2007 年首届论坛以来，内蒙古已经成功举办了七届库布齐国际沙漠论坛。每年来自世界各地的知名专家学者对库布齐沙漠进行经济生态考察，开展科技创新与生态修复论坛、中国荒漠化防治实用技术与经验推介、库布其绿色金融论坛、绿色"一带一路"与人类命运共同体对话论坛等活动，成果丰硕。

---

① 内蒙古自治区人民政府外事办公室，http：//www.nmgfao.gov.cn/web/news。

论坛期间，各国政要、商界高管和专家学者聚焦沙漠生态文明建设和"一带一路"倡议及实施机制，围绕可持续的资源开发与利用以及环境与生态保护的新挑战、新机遇、新机制等话题展开交流和讨论，展示了我国加强生态建设、促进绿色发展、改善民生环境的努力和成效，搭建了产学研一体的沙产业领域交易平台，为全球携手防治荒漠化开辟了新途径。

库布其国际沙漠论坛已经发展成为具有国际影响力的论坛，库布其沙漠治理为国际社会治理环境生态、落实 2030 年可持续发展议程提供了中国经验。

4. 国际马文化博览会

第二届中国马文化节暨首届内蒙古国际马文化博览会于 2019 年 6 月举行。本次活动由中国马业协会、内蒙古自治区党委宣传部、自治区文化和旅游厅、自治区体育局、呼和浩特市委、市政府、锡林郭勒盟盟委、行署共同主办。从 6 月 15 日开始，各项赛马比赛开赛，内蒙古晋升为国内乃至国际最热门的马竞技赛事区。活动期间，内蒙古启动"弘扬蒙古马精神"系列文艺精品创作工程，还向国内外征集油画、雕塑、摄影、蒙汉文书法篆刻、少儿绘画、短视频等作品，出版发行"弘扬蒙古马精神"系列马文化丛书，同时启动"弘扬蒙古马精神"创意设计大赛和内蒙古自治区蒙古包设计大赛。本次活动突出生态优先、绿色发展的理念，让大家充分领略内蒙古历史悠久、底蕴深厚、源远流长的马文化的同时，也生动诠释了吃苦耐劳、一往无前的蒙古马精神。自治区将充分发挥养马、育马、驯马、赛马的传统优势，统筹马科学、马产业、马文化、马旅游、马体育协同发展，发扬蒙古马精神，助推自治区马产业高质量发展。

5. "万里茶道"文化旅游博览会

2019 年 6 月 23～27 日，由内蒙古自治区文化和旅游厅主办的"万里茶道"文化旅游博览会在内蒙古自治区乌兰察布市举办。此次博览会是积极落实中蒙俄元首第四次会晤成果，加强与俄蒙两国旅游务实合作的一次活动。博览会确定了"万里茶道"国际旅游品牌定位。"万里茶道"品牌建设与"一带一路"、欧亚大通道和"草原之路"战略高度契合，成为三国旅游业共同推动的重点、文化旅游务实合作的典范。

四、各类节点城市不断增多

节点城市通常是指在某一区域范围内处于交汇点的枢纽位置、具有较强影响力的城市。内蒙古重要节点城市的对外开放与经济发展对深化中蒙俄经济走廊建设意义重大，其中以满洲里和二连浩特为代表的口岸型节点城市具有优越的开放条件；鄂尔多斯和包头作为资源型节点城市有着较为坚实的产业基础；而呼和浩特和乌兰察布作为枢纽型节点城市，其承载能力较强。

1. 口岸型节点城市

口岸城市往往位于边境地区，由公路、铁路、水路或航空线路等方式与国外对应城市相邻，是连接国内国外两个市场、利用国内国外两种资源的重要通道，是特殊的国际合作节点。内蒙古与俄蒙接壤，目前共有 21 个沿边口岸经国务院批准对外开放，其中包括 2 个铁路口岸、9 个公路口岸、3 个水路口岸及 7 个航空口岸。在对外开放口岸中，对俄边境口岸 7 个，对蒙边境口岸 14 个。满洲里是国务院首批批准的全国 13 个沿边开放城市之一，北接俄罗斯，西邻蒙古国。满洲里口岸是中国沿边最大的陆路口岸，承担了中俄两国对外贸易一半以上的货运任务。二连浩特也是国务院首批批准的全国沿边开放城市之一，北与蒙古国扎门乌德隔界相望。二连浩特口岸是中国通往蒙古国的唯一铁路口岸，也是欧亚大陆桥的重要战略枢纽，承担了中蒙贸易 70%以上的陆路运输任务。满洲里口岸和二连浩特口岸在深入推进"一带一路"倡议、建设中蒙俄经济走廊中发挥着重要的战略枢纽作用。

中蒙俄经济走廊中，内蒙古口岸型节点城市的最大战略优势在于其与俄蒙接壤的口岸位置，在于其位于中国向北开放的最前沿。满洲里和二连浩特分别是我国对俄和对蒙贸易的最大陆上边境口岸型节点城市。陆上边境口岸的战略位置是中蒙俄经济走廊建设中内蒙古口岸型节点城市拥有的独特战略优势。

2. 资源型节点城市

资源型节点城市往往依托城市拥有的丰富自然资源兴建或发展，是国家重要的能源资源战略保障基地。内蒙古鄂尔多斯矿产资源储量丰富，其中已探明煤炭储量约占全国探明煤炭储量的 1/6，是国家重要的煤炭生产、转化与输出基地。包头也是我国重要资源型节点城市，矿产资源种类较多，储量较大，尤其是稀土矿等金属矿产储量位居世界前列。

中蒙俄经济走廊建设中，内蒙古资源型节点城市最大的战略优势在于其已有的较强的产业基础和丰富的劳动力资源。鄂尔多斯、包头等资源型节点城市依托其拥有的大型厂矿、制造业基地和产业集聚区等，为工业生产提供原材料供应、中间产品和产成品储运、分销等一体化的现代供应链服务，因而，已有产业基础是中蒙俄经济走廊建设中内蒙古资源型节点城市拥有的独特战略优势。

3. 枢纽型节点城市

枢纽型节点城市是指以交通为核心的城市。呼和浩特是全国骨干流通网络中的关键节点，是国家流通大通道上的枢纽城市。作为国家首批确定的 45 个公路主枢纽城市之一，呼和浩特公路联网、铁路通达。乌兰察布是中国通往蒙古国、俄罗斯和东欧的重要国际通道。2016 年，国家发展改革委发布的《中欧班列建设发展规划（2016-2020）》中明确指出，"乌兰察布（集宁）列为中欧班列主要铁路枢纽节点城市，集二铁路为中欧班列中部干线运输通道"。乌兰察布作为唯一的非省会城市，因其独特的交通区位优势跻身中欧班列枢纽节点城市之列。

中蒙俄经济走廊建设中，内蒙古枢纽型节点城市最大的战略优势在于其完善的交通基础设施和良好的交通运输条件。陆港枢纽是中蒙俄经济走廊建设中内蒙古枢纽型节点城市的最大战略优势。陆港枢纽型节点城市依托铁路、公路等交通运输通道和场站，构建四通八达的交通运输网络，提供畅通国内、联通国际的物流组织和区域分拨服务。

总之，各类型节点城市拥有的独特的战略优势叠加凸显出内蒙古在整个中蒙俄经济走廊建设中不可替代的战略地位。

五、人文交流频繁

内蒙古与俄蒙地理相近、人文相亲，生活在内蒙古的蒙古族和俄罗斯族与蒙俄语言相通，尤其是在与蒙古国接壤的口岸城市中，80%以上的居民具有蒙汉双语交际能力。在蒙古国和俄罗斯后贝加尔边疆区，来自内蒙古地区的留学生最多，在境外中国人中的比例也很高。多年来，内蒙古同俄罗斯订立了 9 对区域友好关系，同蒙古国订立了 10 对区域友好关系，这不仅为消除与蒙古国、俄罗斯间的贸易壁垒提供了条件，而且为与蒙古国和俄罗斯间更深层次、更广阔领域合作提供了坚实的基础。在与蒙俄的经贸、科技、文艺、教育、卫生等方面的交流与合作中，内蒙古锻炼出了一批懂边贸、熟悉蒙俄情况的翻译和商业人才，培养出一批勘探经验丰富，具有相关矿产开发、加工、技术和环境保护知识的专业人才队伍。

根据 2005 年中蒙签署的《教育交流与合作计划》，中国每年接收 100 名蒙古国大学生到内蒙古自治区留学，享受中国政府奖学金。2014 年习近平主席访蒙又提出今后 5 年中方将向蒙方提供 1000 个培训名额，增加 1000 个中国政府全额奖学金名额。蒙古国现在每年有约 8000 名留学生来中国学习，内蒙古有 30 所学校接收蒙俄两国留学生近 3000 人，来自蒙古国的留学生是内蒙古留学生的主要群体，占自治区留学生总人数的 73%。内蒙古与俄罗斯在教育领域的合作也在不断突破，在 2014 年举办的"俄罗斯·中国内蒙古文化周"上，6 所内蒙古自治区高校与俄罗斯相关高校就合作办学、学生互换、年轻教师培养、科研学术合作等达成了合作意向。

内蒙古与俄罗斯、蒙古国在学术层面的交流和互动主要以蒙古学为中心，围绕蒙古国语言、历史、文学、文化等内容，以学术会议、学者互访、田野调查等形式开展。由内蒙古社会科学院牵头主办的中国蒙古学国际学术研讨会，是国内首个国字头蒙古学国际学术会议，目前已成功举办四届，来自世界各地的蒙古学学者就相关议题展开研讨，成为中国蒙古学国际学术交流的重要平台。除蒙古学外，历史、文化也是中蒙俄三国共同关注的学术议题。已举办多届的"中国北方及蒙古、贝加尔、西伯利亚地区古代文化"国际学术研讨会，由内蒙古博物院主办，中蒙俄三国轮流举办，旨在推进中国北方及蒙古、贝加尔、西伯利亚地区的考古及历史研究。此外，内蒙古自治区一些科研单位及高校也同蒙古国、俄罗斯的高校和科研院所通过互派留学生、互派教师、科研合作、共同举办学术会议等形式建立了比较稳定的合作关系，并签署了多项合作协议。随着中蒙俄经济走廊建设的推进，三国联系日益密切，也为三国开展学术交流与智库合作提供了平台和契机。2015年9月在乌兰巴托举行了中蒙俄智库合作联盟成立暨首届三方智库国际论坛，中蒙俄30多家机构参加了此次智库合作联盟，在中蒙俄三方智库及学术交流方面迈出了重要的步伐。鉴于传媒在信息传播和舆论影响方面表现出来的控制力和影响力，内蒙古也积极加强与蒙俄两国在传媒领域的合作。中蒙新闻论坛自2010年创办以来，到2020年已连续举办11届，合作层次和规模逐步扩大，逐步形成了多层次、跨领域、多角度的合作交流机制，成为增进两国友谊、促进两国人民相互了解的重要桥梁。中蒙俄经济走廊建设的推进，也为三方传媒合作带来了新机遇，中蒙俄共同制作了30集纪录片《茶路》，内蒙古广播电视台参与制作；此外，内蒙古电影集团与俄罗斯及蒙古国电影制作单位共同拍摄3部电影并发起成立"一带一路"国际影视联盟。

除此之外，"一带一路"以及中蒙俄经济走廊建设的不断推进，为两国提供了更多的人文交流平台。

在医疗卫生方面，内蒙古每年诊疗蒙古国、俄罗斯患者约3万人次，国际蒙医院连续5年赴蒙开展义诊活动，每年接收蒙古国30名医务工作者进修培训；与蒙方联合开展了蒙医药非遗申报工作，以及蒙医药古籍的整理、修复工作；国际蒙医院三国毗邻地区传染病实现信息共享，突发公共卫生事件实现联防联控。

内蒙古每年还定期在俄罗斯、蒙古国举办文化周、文化日等大型文化交流活动。2012 年，内蒙古文化代表团赴俄罗斯图瓦共和国开展了"中国文化节内蒙古文化周"活动。2013 年 2 月，由乌海市歌舞团和内蒙古自治区杂技团组成的内蒙古艺术团一行，赴俄罗斯开展"欢乐春节"演出活动。2014 年 10 月，"俄罗斯·中国内蒙古文化周"在俄罗斯布里亚特共和国和伊尔库兹克州举办，其间举办了包括文化、艺术、教育、媒体、卫生等领域的近 50 项活动。除现有活动外，自治区还积极谋划与蒙俄开展"文化那达慕""美丽的草原我的家——内蒙古文化周"等活动，为双方文化交流开发新的合作平台。截至目前，"乌兰巴托—中国内蒙古文化周"已成功举办五届[1]。这些民间交流活动的不断深化，为中国、俄罗斯和蒙古国三国提供了良好的人文交流平台[2]。

第二节　中蒙俄经济走廊国际交往枢纽的功能和特点

党的十八大以来，内蒙古积极响应国家"一带一路"倡议，推动中蒙俄经济走廊建设：在政治上，是"亲诚惠容"周边外交理念的前沿阵地；在经济上，是区域经贸合作的重要支点；在文化上，搭建中蒙俄经济走廊多种交流平台。内蒙古国际交往枢纽具有核心性、纽带性、经济性、文化性的特点。

一、中蒙俄经济走廊国际交往枢纽的基本功能

1. 政治功能——"亲诚惠容"周边外交理念的实践前沿

2013 年 10 月，习近平总书记在周边外交工作座谈会上指出："我国周边外

---

① 王启颖."中蒙俄经济走廊"建设中的内蒙古与蒙俄文化交流［J］.实践（思想理论版），2018（6）：49-51.

② 李蔚.中蒙俄经济走廊建设中内蒙古发展的现状分析［J］.内蒙古统计，2020（2）：4-7.

交的基本方针，就是坚持与邻为善、以邻为伴，坚持睦邻、安邻、富邻，突出体现亲、诚、惠、容的理念。"① "亲"是守望相助，睦邻友好；"诚"是安邻真诚，以信取义；"惠"是富邻共赢，互惠互利；"容"是宽邻尊重，兼容并蓄。"亲"和"诚"更多地指向于"态度"，"惠"和"容"则偏重于"行动"，四部分内容各有侧重，整体统一，相得益彰。中国与周边国家历来和睦相处，在文化、地缘等方面有许多共同点，尊重国家间的差异性，认同不同文化间的多元性。中国实行改革开放以来，积极与周边国家发展贸易、人文等各方面交流与合作，探求共同发展，加深利益融合，共同促进地区的和平与稳定。

俄罗斯和蒙古国是我国北方重要邻国，与我国接壤，拥有较长的边界线，在历史上与我国交往久远。内蒙古是三国间建立互信、贯彻我国外交政策的前沿阵地。建设国际交往枢纽有利于进一步增进与两国的友好关系，发挥地区枢纽的作用，在国家方针政策的框架下，促进并开发各个领域的合作，加深政治互信，促进共同发展，构建地缘政治合作优势及共赢局面。

内蒙古作为中国向北开放的桥头堡，积极开展对外交往，兼具官方和民间色彩，相比传统外交来说，更加体现新时代的特征。中蒙俄经济走廊既不能简单地定义为经济上的项目运作平台或经济带，也不能定义为地域上的陆上通道，它是一个经济、政治、文化等因素相互交织构成的多层次、多维度、多平台的网络。内蒙古作为重要的节点地区，要进一步拓展外交功能，加强与沿线国家城市之间的联系，从地区长远目标出发，找到三方共鸣点、发展点、合作点，创造就业岗位，增加改善基础设施的民生项目，在各个层面加强与两国的友好交往，让两国了解中国，增加互信。内蒙古作为我国的北部边疆，同时也承担着稳定边疆、发展边疆的重任，利用好、挖掘好地区枢纽这个优势，积极发展与俄罗斯、蒙古国的关系，在各个领域取得进展，就是建设边疆、谋求发展、主动作为。

---

① 习近平. 让命运共同本意识在周边国家落地生根［EB/OL］. 新华网，2013-10-25.

2. 经济功能——区域经贸合作的重要支点

口岸的枢纽。内蒙古地形广阔，全国约 1/5 的边境线都在内蒙古境内，拥有以满洲里、二连浩特为代表的 19 个重要的边境口岸开放城市，与俄罗斯和蒙古国有着悠久的贸易往来的历史。除二连浩特和满洲里口岸以外，内蒙古一些新兴的策克、满都拉等口岸城市也在相继崛起，逐渐在与蒙俄的经贸往来中承担起了货物进出口的重要任务，而今的内蒙古的各个口岸都在逐渐向全方面开放阔步前进。

国际物流的枢纽。物流是促成国际贸易的必然条件，想要发达的国际贸易就必然需要畅通的物流条件。中国与俄罗斯之间陆上运输的 65% 和中国与蒙古国之间货物运输的 95% 都会途经内蒙古，内蒙古各口岸铁路与公路的整体通关运输容量超 1 亿吨，乘客量达到了 520 万人次，在中国仅有 5 个处理千万吨货物的陆路口岸，在此当中有 4 个超千万吨货运量的口岸位于内蒙古境内。欧亚通道穿过满洲里口岸，由大兴安岭城镇区域作为依靠，成为了中国振兴东北老工业基地重要的一部分，今后将通过发展进一步加大对通道建设的支持力度。内蒙古借助同东北三省相邻的地区优势，对内，东北经济区的发展会带动沿途地区的共建共享，同时增进通道的综合运输能力，实现与东北地区大连、天津等港口的联合运输，使通道来往活力进一步增强；对外，可以依托西伯利亚的欧亚大陆桥抵至欧洲中心地带。时至今日，内蒙古各个口岸的物流行业规模正逐步扩大且发展态势迅猛，正日益创建口岸全方位的物流网络节点设备体系和物流中心。

能源合作的枢纽。中俄蒙三国分别在资金、技术、市场、资源等方面具有互补的独特优势，因此在经贸领域有着持续性的合作潜力。近年来，随着世界煤炭、石油和其他资源的不断贬值，蒙俄两国经济压力持续增大，因此积极与我国进行能源资源贸易合作现象变得尤为突出。内蒙古作为中国主要的几个能源资源富集地之一，成为了与蒙俄两国进行石油、煤炭、木材贸易的关键地。内蒙古为中国进出口能源资源提供了条件，创建了配套的能源资源加工中心，成为了中蒙俄经济走廊上的跨越国境的能源转移空间站。内蒙古的各个口岸都大力支持国家进口战略性资源，如铁矿石、煤炭、铜精矿以及其他中蒙重要资源。中俄输油管道最终通过内蒙古口岸进入中国的东北、华北等区域，中俄东线的天然气管道也经过内蒙古地区。俄罗斯可以利用其富集的石油和天然气能源优势促进两国在能源开采领域的合作，建造能源资源交换基地，同时发展该地纺织业和建材制造业。蒙古国由于电能源紧缺，中国每年平均向蒙古国输送电力超过了 10 亿千瓦时①，如今内蒙古已建成并投入使用了 7 条向蒙古国输送电力的电网。此外，内蒙古能源加工企业在蒙俄投资建一，并把资源勘探技术和开采加工技能传输到两国，将产能合作的成本压缩至最低。未来，内蒙古与蒙俄产能合作势头持续向好。

产业合作的枢纽。在中蒙俄经济走廊建设中，市场和企业的力量是重要的推动力。内蒙古与蒙俄两国在能源资源、产业技术方面有着绝对的互补性。蒙俄两国可以从内蒙古进口国内紧缺的机器、家电等机械产品。农牧产品加工业是蒙古国的支柱性产业，但由于生产企业数量和技术设备的局限，加工能力较弱，因此产品结构也相对单一。以羊绒加工为例，蒙古国不具备专门生产棉线和纱线的产业链，现有的羊绒制品加工能力不足以满足其生产能力，因比只能生产 100% 纯羊绒制品，而且大部分产品都是以原绒形式出口，工业附加值很低，需尽可能地扩大产能以推动工业附加值的提升。我国经济中心地带的制造业所雇佣的劳动力成本正在逐年攀升，并且由于这些经济腹地离蒙俄距离较远，对外发展的成本也会随之增加。内蒙古借助其优越的地理位置、产业结构和能源资源条件，提升了产业转移的承接能力。将内蒙古打造成为中蒙俄经济走廊上的制造业重要枢纽，不仅有利于推动内蒙古的产业转移和产业转型能力的提升，更有利于借助国内外资源将内蒙古建设成为出口导向型制造业城市。

跨境旅游的枢纽。内蒙古与蒙俄两国自古具有相似的历史底蕴和生活风俗等

---

① 朱跃中等. 将内蒙古打造为"中蒙俄经济走廊"能源合作引领者研究［J］. 中国能源，2019（2）.

背景，这些相似背景在进行跨境人文交流时会起到重要作用。内蒙古积极推进与蒙俄两国合作举办旅游活动，开展国际旅游节，打造独具特色的品牌旅游城市。为助力国际旅游金三角"海拉尔—赤塔—乔巴山"地区的繁荣发展，内蒙古进一步探索了多条新的旅游线路，推进从内蒙古阿尔山、新巴尔虎左旗到蒙古国松贝尔、哈拉哈苏木的跨境旅游景区的建设，并设计了众多独特的国际旅游节日。内蒙古为进一步推动三国在人文旅游方面的合作，制定出中蒙俄三国五地旅游联合会议制度，并且在区内的 8 个口岸开办了中蒙俄合作边境旅游活动，还专门设立了旅游专项资金鼓励入境旅游，以此来推广中蒙俄联合"茶叶之路"跨境旅游路线等活动。

今后，在经贸上，内蒙古要充分运用国家设立的内蒙古自治区重点产业发展引导基金和沿边重点地区产业发展基金，优化加强口岸城市的特色产业升级；主动接受发达地区的产业转移，着力开发以食品、纺织、机械、建材为主导的"路桥经济"产业，加强内蒙古的出口能力；大力支持面向蒙俄开展跨境电子商务服务，以国际邮件中心在满洲里设立为契机，加快推进跨境电子商务综合服务体系的建设。

3. 社会文化功能——搭建中蒙俄经济走廊多种交流平台

进入现代社会，人类文化发展的成就更多地集中在城市，城市之间的交流将很大程度上帮助各国民众之间交流与了解，并推动国家间文化的融合、创新和发展。中蒙俄经济走廊建设终将实现政策沟通、设施联通、贸易畅通、资金融通、民心相通，其中民心相通主要依赖城市、地区间的文化交流。

人文交流活动的平台。中蒙方面，截至 2018 年，第四届"乌兰巴托—中国内蒙古文化周"已成功举办。2015 年开始，"中国—蒙古国博览会"相继在内蒙古呼和浩特和乌兰察布举办。博览会上展出了两国优秀的油画作品、摄影图片和独具特色的民族服装，其间还举行了中蒙文艺晚会、舞蹈大赛，为深化两国人民间的沟通与交流提供了良好的契机。中俄方面，2012 年，俄罗斯图瓦共和国举办了"中国文化节内蒙古文化周"活动，内蒙古文化代表团远赴俄罗斯参加了活动。2013 年 2 月，内蒙古艺术团、歌舞团和杂技团联合参演，远赴俄罗斯为当地的民众送上精彩纷呈的"欢乐春节"文艺表演。2014 年 10 月，在俄罗斯布里亚特共和国和伊尔库兹克顺利开展了"俄罗斯·中国内蒙古文化周"活动，此次活动包含了文艺教育、新闻媒体和医疗卫生等 50 多个领域的活动。在现有活动的基础上，内蒙古还注重与蒙俄两国合作探索新的活动来增进三国间的友谊与文化交流。

教育合作的平台。中蒙两国在 2005 年共同制定的《教育交流与合作计划》中指出，内蒙古每年将接受 100 名蒙古国大学生到区内各优秀高校进行留学教育，同时享受中国政府奖学金政策。2014 年，国家主席习近平对蒙进行访问时进一步提出，未来 5 年我国将继续支持蒙古国学生到内蒙古进行留学教育，留学名额也从 100 个提高至 1000 个，同时还将全额奖学金名额增设至 1000 个。目前每年约有 8000 名来自蒙古国的学生到中国来学习，蒙古国留学生占全内蒙古总留学生人数约 73%。在 2014 年，内蒙古与俄罗斯教育方面的推动和突破促成了两国合作办学，内蒙古的多所高等院校与俄罗斯达成了合作办学意向，包括两国学生和老师相互交换培养、科研和学术领域的相互交流与合作。

学术交流的平台。内蒙古与蒙俄两国的专家学者经常进行学术交流，内容主要集中在蒙古学语言、文学、历史等方面的研究，通常以学术会议、学者访问和实地考察等方式进行。内蒙古社科院带头开展的"中国蒙古学国际学术研讨会"是我国第一个国家级的蒙古学学术研究国际会议，截至 2018 年已开展四届，并取得了良好成效。除了与蒙古学研究有关的问题，中蒙俄三国学者十分关切文化历史方面的研究议题。为深入推进中蒙俄三国历史以及考古领域的研究进程，内蒙古博物院带头主办了中蒙俄三国国际学术研讨会，主要针对"中国北方及蒙古、贝加尔、西伯利亚地区古代文化"进行讨论与研究。此外，内蒙古自治区同蒙古国、俄罗斯的高等院校和科研院所通过交换学生、合作办学、教师互派交流、共同举办科研学术会议的方式达成了多项合作协议，也形成了比较稳定的合作关系。

文旅交流的平台。来内蒙古旅游的跨境游客中大部分是从相邻的蒙俄两国入境。在召开一年一度的边境旅游协商会时，内蒙古与俄罗斯会对双方跨境旅游相关问题进行协商。2016 年 7 月，首届中蒙俄三国旅游部长会议在内蒙古首府呼和浩特举办，目的旨在深入推进中蒙俄经济走廊建设的同时，增进三国间的旅游与文化交流合作。今后中蒙俄三国可以通过借助语言相通、民俗相近等独有优势，建立起集旅游、文艺、媒体三位一体的新型文化产业格局，其中以跨境文化旅游的发展为支柱，建设跨境合作旅游中心，拓展跨境合作旅游市场行业，注重加强三方口岸边疆文化旅游成效，将三国的草原文化和游牧文化的精髓进行融合，打造出内蒙古新的文旅交流合作品牌，促进三国在音乐、戏剧、杂技、电影、民间创作等方面的文化互通和交融。

医疗卫生交流的平台。从近年来蒙俄两国病患跨境到中国就医的人数逐年增加的情况来看，中蒙俄合作中最为关切的当属医疗卫生领域，内蒙古和蒙古国一直以来在医疗卫生领域有着密切的合作。内蒙古和蒙古国的卫生系统一直以来注重蒙医药学的研究与发展，并且共同在疫病、传染病预防方面进行专业交流与钻研。借助国家开发银行的资金投入，二连浩特的蒙医中医院建成之后，吸引了众多中蒙两国民众在此就医，项目成效显著，广受好评。将来有望通过借调内地各级医疗卫生机构的专家，让蒙俄病患享受到更好的医疗服务；同时借助两国医疗卫生专家学者定期举行蒙医药研究成果分享会议，积极探索前沿文献、书籍，为推动蒙医药的发展做出贡献。

二、中蒙俄经济走廊国际交往枢纽的特点

1. 核心性

中国"一带一路"倡议中内蒙古作为联结蒙俄两国的关键性枢纽地区，其

境内的满洲里口岸（中国对俄最大陆路口岸）和二连浩特口岸（中国对蒙最大陆路口岸）在国际货物运输过程中承担着重要任务，是中蒙俄经济走廊持续发展的重要枢纽。在对蒙俄的贸易中，其也成为了连接东北、华北的核心区域。无论是区位还是对外开放的发展水平，都使其处于对蒙俄开放的核心。

近几年，内蒙古边境口岸地区经济水平的迅速提升，推动了边境口岸的建设与发展进程，助推了口岸餐饮、交通、旅游、加工业以及现代物流等贸易行业的繁荣发展。内蒙古从一个欠发达省份变成了国际化边境经济带和我国向北开放政策中的桥头堡。

2. 纽带性

全球大多数身为国际交往中心的城市都将自己设定为国家和国家之间、国家和国际组织之间的节点或枢纽。全球化对城市或地区产生了深刻的影响，城市或地区也在借助这一趋势带来的机遇促进自身多元化发展进而提高竞争力。"一带一路"倡议提出以来，沿线各个城市或地区都在积极确立自己的定位，借助"一带一路"打造开发、开放的新局面，在不同领域以不同途径拓展城市外交，发挥城市外交对于地方利益、国家利益的良性作用。

内蒙古确立了"向北开放"为核心的全方位开放战略，对外交往既符合地区利益，同时也是国家与沿线国家发展关系的连接点。同时，内蒙古既有得天独厚的区位、口岸等资源，又具有人文、医药、历史等内在资源，因此内蒙古在国际舞台上能够发挥独特的作用。内蒙古在对外交往过程中的地位远远超过我国其他省份，在中蒙俄经济走廊建设的进程中发挥着连接中央与地方、国内与国际的重要渠道与纽带作用。

3. 经济性

内蒙古有国家重点开发开放试验区、合作先导区、跨境经济合作区、边境经济合作区、综合保税区、跨境旅游合作区等对外开放平台，如满洲里和额尔古纳边境城市、满洲里和二连浩特重点开发开放试验区、满洲里和鄂尔多斯综合保税区、满洲里国家级边境经济合作区、二连浩特—扎门乌德跨境经济合作区。

内蒙古拥有铁路、公路、航空方面 19 个对外开放的口岸，其中对俄开放口岸 6 个，国际航空口岸 3 个。二连浩特口岸是中国对蒙古国最大的口岸，满洲里口岸是中国对俄贸易最大的陆路口岸。一个满洲里口岸的年过货量甚至超过了黑龙江所有口岸过货量之和。满洲里口岸已经实施了"一次申报、一次查验、一次放行""365 天 24 小时预约通关"，"随到随放"的通关服务大大提高了出境运输的效率，有效降低了运输的时间成本。策克口岸位于内蒙古自治区阿拉善盟额济纳旗戈壁腹地，与蒙古国南戈壁省西伯库伦口岸遥遥相望，辐射蒙古国南戈壁、巴音洪格尔、戈壁阿尔泰、前杭盖、后杭盖 5 个畜产品和矿产资源较为富集的省区，是蒙古国与中国西北地区陕西、甘肃、宁夏、青海联通的重要交通枢纽、商贸中心、货物集散地和资源大通道。目前，内蒙古以满洲里、二连浩特、策克开发开放试验区为枢纽，建立起东部、中部、西部三个综合性经济区，积极发展口岸经济。

4. 文化性

从民族成分的同质性来讲，内蒙古跟与其毗邻而居的蒙古国和俄罗斯远东地区具有很高的民族同质性。中俄、中蒙之间的友谊源远流长，文化交流十分密切，内蒙古境内的俄罗斯族后裔与俄罗斯人在语言、风俗习惯、宗教信仰方面有共同之处，内蒙古主体民族与蒙古国民族同种同族，姻亲相连，风俗习惯、生产生活方式相似，语言文化相通。内蒙古的草原文化与蒙俄提倡的游牧文化一脉相承，拥有共同的文化基础和底蕴，是北方草原游牧民族的历史见证。

第三节 "一带一路"背景下国际交往方式

中国的城市外交起步较晚，目前城市外交主要依托两种形式展开：一种是与国外城市建立友好城市，通过友好城市这一平台进行地方间的交流；另一种就是根据中央政府的委托和授权，承受一些重要的外事活动，比如接待一些重要来宾。"一带一路"倡议提出后，各个节点城市围绕城市发展、经济贸易、人文、科技、医疗等内容纷纷进行对外交流，构建城市协作平台。在"一带一路"背景下，城市协作、与国际组织的合作、人文交流等内容被赋予了新的内涵，给城市对外交往提供了新的契机。

1. 构建城市间集体协作网络

建立友好城市是城市对外交往的重要形式。自 1973 年中国开展友好城市活动以来，中国已与世界 133 个国家建立了 2258 对友好城市关系，成为世界上拥有正式友好城市数量最多的国家之一。[①] 其中，截至 2018 年 4 月底，我国与 61 个"一带一路"国家共建立了 1023 对友好城市，占我国对外友好城市总数的 40.18%。[②]《推动共建丝绸之路经济带和 21 世纪海上丝绸之路的愿景与行动》中提出，"开展城市交流合作，欢迎沿线国家重要城市之间互结友好城市，以人文交流为重点，突出务实合作，形成更多鲜活的合作范例"。

（1）打造城市联盟。2015 年 9 月，"海陆丝绸之路城市联盟"在北京成立。其构想是，在联合国多边合作框架下，作为跨机构、跨区域的联盟合作机构，通过城市间的交流合作，发挥丝绸之路沿线城市资源作用，支持国内外相关城市开展经济技术合作，加强互联互通，推进城市绿色可持续发展。这一构想高度响应"一带一路"倡议，将进一步广大海陆丝绸之路沿线国家、地区和城市的利益契合点，谋求共同发展、共同繁荣。"海陆丝绸之路城市联盟"有十个创始成员城市，包括土耳其安塔利亚市、伊朗加兹温市、蒙古乌兰巴托市以及中国的泉州、福州、景德镇、连云港、郑州、肇庆、钦州。2015 年 10 月，由中国 30 多个"一

---

① 李小林，李新玉．城市外交：理论与实践［M］．北京：社会科学文献出版社，2016.

② 数说"一带一路"成绩单［EB/OL］．中国一带一路网，https：//www.yidaiyilu.gov.cn/jcsj/dsjkydyl/79860.htm.

带一路"沿线城市共同组建的"'一带一路'城市旅游联盟"在开封成立。这个联盟旨在主动融入"一带一路"建设，把沿线旅游城市集结起来，本着开放合作、互利共赢的原则形成联盟，招徕更多的海内外旅游者，促进沿线城市旅游及经济社会全面发展。国家发展改革委城市和小城镇中心积极推进"一带一路"可持续城市联盟建设，2020 年 11 月，"一带一路"可持续城市联盟圆桌会在成都召开，探讨加强城市间设施联通，提升城市的枢纽辐射力，培育新增长点，实现稳定就业与繁荣经济，积极应对疫情对全球价值链产生的影响。2021 年 7 月，"一带一路"城市绿色发展合作联盟在贵州发起成立，此联盟将利用全球的城市网络，鼓励更多会员城市和地方政府参与到这个合作平台中，进一步推动人与自然和谐共生。

（2）构建城市间多边交流平台。2014 年 5 月，21 世纪海上丝绸之路市长（高峰）论坛在福州举行，来自丝路友城的政府官员和社会各界知名专家学者齐聚一堂，共商合作大计，共图丝路伟业。① 2016 年 9 月，中国—东盟市长论坛在南宁召开，来自中国、东盟各国近 300 位市长、专家学者、企业家代表出席了会议。论坛以城市建设为牵引，重点关注中国与东盟城市间多渠道、多领域的合作，与会代表紧紧围绕"抓住亚洲基础设施投资银行和丝路基金带来的新机遇，加快 21 世纪海上丝绸之路节点城市建设"和"推动中国-东盟城市间产能合作与共赢发展"两个议题，开展多领域研讨。② 2019 年 5 月，中国商务部与哈萨克斯坦国民经济部在阿拉木图市共同举办中哈地方合作论坛，论坛以"深入对接、共同发展"为主题，来自两国有关省州政府和工商界约 400 名代表出席论坛，围绕共建"一带一路"合作、产能和投资合作、农业合作、物流和电商合作等开

---

① 21 世纪海上丝绸之路市长（高峰）论坛在福州召开［EB/OL］. 东南网，http：// fjnews. fjsen. com/2014-05/18/content_ 14100595. htm.

② 2016 中国—东盟市长论坛在南宁召开［EB/OL］. 中国一带一路网，https：// www. yidaiyilu. gov. cn/yw/dfdt/936. htm.

展交流探讨，挖掘合作的新机遇。① 各种平台的搭建，使沿线城市可以分享发展理念，促进共同进步。

2. 拓展与国际组织合作

（1）与国际组织合作举办大型涉外活动。2015 年 6 月由国家旅游局、联合国世界旅游组织和陕西省人民政府共同举办的第七届联合国世界旅游组织丝绸之路旅游国际大会（以下简称"丝路国际大会"）在西安举行，"丝路国际大会"是联合国世界旅游组织为强化丝绸之路沿线国家紧密合作，提升丝绸之路旅游品牌影响力，实现丝绸之路旅游项目的国际合作和可持续发展而倡议召开的旅游业界国际性会议，之前在甘肃敦煌也举办过。这种与国际组织合办的大型会议可以大大提高举办城市的国际交往能力。

（2）积极吸引国际组织总部或代表处落户。国际组织总部如果在某一个城市设立，会有效促进这个城市与外界的交往，提升城市国际化水平。一般情况下，国际组织总部会选择设在这个国家的首都城市，比如北京，上海合作组织、亚洲基础设施投资银行、丝路基金等都设在这里。随着"一带一路"的发展，一些具备条件的其他城市也积极努力，争取国际组织的落户。比如成都，世界城市和区域电子政府协议组织的亚洲区总部就设立在这里。

（3）发起成立或加入国际性社会组织。北京市积极参与并发起成立世界旅游城市联合会（WTCF），该联合会总部设在北京，会员总数达到 182 个，包括 121 个城市和 61 个旅游机构。借助这个国际化平台，城市可以实现旅游资源共享，打造"一带一路"旅游节点城市，达到提升城市形象、加强城市间交往、巩固人文交流的多重效果。"世界城市与地方政府组织"是目前影响力最大的全球地方政府间组织，被称为"地方政府的联合国"，是城市间开展交流合作的重要平台。广州参与发起创办该组织，于 2007 年成功当选联合主席城市，并同该

---

① 第二届中哈地方合作论坛 5 月 15 日在阿拉木图举办［EB/OL］. 中国一带一路网，https：//www.yidaiyilu.gov.cn/xwzx/hwxw/89665.htm.

组织合作设立"广州城市创新奖"。北京、上海、天津、杭州等多个国内城市也相继加入该组织。扬州作为中国著名的运河城市，发挥自身优势，发起成立了世界运河历史文化城市合作组织。2016 年，贵州牵头发起成立国际山地旅游联盟，总部设在贵阳市。

3. 开展人文交流活动

"一带一路"倡议提出以来，中国与沿线国家互办艺术节、电影节、音乐节、文物展、图书展等活动，合作开展图书、广播、影视精品创作和互译互播。"一带一路"新闻合作联盟建设积极推进，联盟理事会由来自 25 个国家的 40 家主流媒体组成。丝绸之路沿线民间组织合作网络成员达 300 余家，成为推动民间友好合作的重要平台。

城市是人文交流的重要平台，"一带一路"节点城市根据当地人文特色，举办各种文化节、艺术节、展览等活动。丝绸之路（敦煌）国际文化博览会是一个以丝路文化交流为主题的国际化盛会，在敦煌举办，其旨在传承和弘扬伟大的丝路精神，借助敦煌文博会（以下简称"敦煌文博会"）搭建的人文交流新平台推动沿线各国和地区交流、促进沿线人民相亲相通。① 海上丝绸之路国际艺术节（以下简称"海艺节"）是经批准的国家级对外文化交流平台，是海上丝绸之路沿线国家和地区文化艺术交流合作的一项重大文化活动，永久落户泉州市。泉州先后成功举办了四届海艺节，共有 117 多个国家和地区，9500 多名国际组织和外国官员、专家学者、艺术界人士、国际友人参与，基本覆盖了海上丝绸之路沿线国家和地区，形成了一定的品牌影响力。另外，为推动沿线国家在教育、科技、文化等领域的合作，一些所在城市的大学也积极发起联盟，成为城市间交流的又一助力。比如，西安交通大学牵头组建"丝绸之路大学联盟"，该联盟目前已吸引 35 个国家和地区的 135 所高校加入；兰州大学发起的"一带一路"高校

---

① 中国与丝路沿线国家在敦煌共建人文交流新平台［EB/OL］. 中国一带一路网，https：//www. yidaiyilu. gov. cn/yw/gcdt/327. htm.

联盟成员由最初的 8 个国家 47 所高校，增加到亚洲、欧洲、非洲、美洲等 25 个国家的 126 所高校。

第四节　建设中蒙俄经济走廊国际交往枢纽的路径

国际交往枢纽是城市国际化和对外交往综合程度达到高级阶段的产物，其以重要的资源要素配置能力为基础，在我国经济社会发展中具有显著优势地位，肩负配合国家总体外交的重要战略使命，充分发挥政治、经济、文化等社会发展各方面的辐射带动作用。在新时代构建全面开放新格局的背景下，内蒙古应以建设国际交往枢纽为目标指引，充分结合自身优势，承担起强动力、拓内容、搭平台、优环境、展形象的任务，实现高水平向北开放，服务中蒙俄经济走廊建设。

一、强化顶层设计，提升国际交往的空间布局

国际交往枢纽内容丰富、涉及面广，需要紧紧围绕服务国家总体外交大局和服务地方经济社会发展目标，推动构建总体格局。内蒙古从空间结构上看，地形狭长，东、中、西相隔较远，虽有多个边境口岸，但总体的效能还没有完全发挥，各地区基本处于单打独斗的局面。蒙古国家大呼拉尔已经审议通过了关于蒙古国驻中国满洲里领事馆开馆运行问题的相关决议。可以看出，蒙古国在与中国边境交往上突破了仅依靠二连浩特等中西部陆路口岸的传统思维，已开始布局东北口岸。笔者在实地调研中也发现，满洲里口岸的蒙古国游客逐年增多，且有每周从乌兰巴托直飞满洲里的航班，客运、贸易在逐渐增加。内蒙古的空间国际交往布局亟待提升。

可以借鉴东京国际交往中心的经验，打造多中心分工地区模式，各中心具有

明显的区域职能分工体系，在空间上遥相呼应，形成合力。目前，内蒙古东部地区主要以满洲里国家沿边重点开发开放试验区、呼伦贝尔中蒙俄合作先导区为建设重点，主要针对俄罗斯进出口贸易及人员往来，西部在积极发展额济纳沿边开发开放试验区和甘其毛都、珠恩嘎达布其等重点口岸，在空间国际交往布局上可以考虑加大中部的空间支撑功能。具体来讲，在发展传统二连浩特口岸对蒙古国贸易及人员往来的基础上，进一步提升二连浩特向西、向东的辐射能力，与集宁物流中心建立相应通道，形成中部向东辐射俄罗斯的路径、向西辐射蒙古国的路径，东、中、西职能明确，互联互通，形成整体合力，打造内蒙古向北开放的空间新局面。

二、合理规划，建设"呼和浩特渠道"

提升国际交往空间布局，加强中部地区的空间支撑功能，在二连浩特口岸、集宁物流中心空间支持的构架下，还需要建设一个集政治、经济、文化等功能为一体的综合连接点，可以考虑建设"呼和浩特渠道"。

呼和浩特是内蒙古的首府，是内蒙古的政治、经济、文化、科教和金融中心，是呼包银城市群核心城市、呼包鄂城市群中心城市。在"一带一路"倡议提出以来，呼和浩特积极融入"一带一路"及中蒙俄经济走廊建设，但是，相比国内其他节点城市，国际化水平还有待进一步提升。

可以借鉴广西"南宁渠道"的经验，其利用中国—东盟博览会和东盟自贸区的政策优势，充分发挥"南宁渠道"，突出平台支撑、交通支撑、产业支撑，建设立体化综合交通体系，基本实现"东盟国家通"和"国内省会通"，使南宁市从神经末梢向区域中枢转变，发展为区域化国际城市，成为了连接西南、中南、华南地区的重要枢纽和通往东盟的重要通道。

呼和浩特还没有举办过具有国际影响力的大型博览会，目前已举办三届的中蒙博览会还处于起步阶段；在交通上，呼和浩特也没有形成"蒙俄国家通"，只有呼和浩特直飞乌兰巴托的航班，且航班数有限，还没有直飞莫斯科或俄罗斯远东地区枢纽城市伊尔库茨克的航班，在向北开放的情况下，发展确实滞后。

建设"呼和浩特渠道"，首先在交通上，实现"蒙俄国家通"，建立与蒙古国、俄罗斯交通上的空间联系，打破过去只依靠陆路口岸或北京中转的交通方式，从空间上拉近距离，密切直接联系；其次，积极发展大型博览会，发挥呼和浩特政治、经济、文化、科教中心的区域优势，打造呼和浩特的拳头产品，形成有影响力的区域国际展会，比如"呼和浩特博览会"；再次，加强与国内省会城市交流与合作，重点连接东北、华北、西北，发展成中国北部的区域中枢；最后，以呼和浩特为核心，在中欧班列开通的背景下，进一步拓展向西连接二连浩特、向东连接满洲里、中部连接集宁的重点城市空间规划，发挥各自优势，形成"1+3"的国际交往枢纽节点城市，即以呼和浩特为中心、三个节点城市为支撑的空间布局。

三、打造高端会展，搭建交往平台

高端会展是国际交往枢纽交流平台功能的核心体现，是短时间内密集的交流活动。从国际交往中心的成功案例来看，举办大型国际展览是加强国际交往、提升国际影响力的重要内容。比如东京，其会展业非常成熟，每年举办的展会名目众多，从传统的"五金"到时尚的化妆品再到高科技的动漫，内容五花八门。知名品牌的展会在吸引世界各国人士参展的同时，也成功地将全世界的目光和媒体的关注度聚焦到东京。

一些"一带一路"的节点城市，如天津、乌鲁木齐、南宁，都有自己的主打会展品牌，比如天津的国际汽车贸易展览会、乌鲁木齐的"中国—亚欧博览会"、南宁的"中国—东盟博览会"。

内蒙古的高端会展基本处于起步阶段。中蒙博览会是目前内蒙古积极发展的具有代表性的高端会展，它是中蒙两国政府共同主办、面向全球的国际性展会，到 2019 年已举办三届，起点高，但因刚起步，影响力有限。二连浩特中蒙俄经贸合作洽谈会已经举办十届，时间较长，但因地理位置、宣传等原因，区域影响力没有充分发挥出来。其他展会，如国际马文化博览会、"万里茶道"文化博览会等，刚刚举办一届，影响力有待观察。

在目前的情况下，内蒙古可以考虑与其他地区的知名展会合作，利用品牌展会的渠道与声誉，扩大内蒙古的影响力，同时，积极学习知名展会的办会方式与经验，使内蒙古进入展会发展的快速通道。另外，积极发展原有的本地展会，在吸收知名品牌展会经验的基础上，继续办好"中蒙博览会"；在国际交往空间布局中，在加大中部空间支撑功能的理念下，加大对"二连浩特中蒙俄经贸合作洽谈会"的建设与宣传，吸引更多东北亚客户参展商；积极发展内容多样的展会，不仅限于经贸领域，文化、旅游等内容也要多多吸纳。

还需要注意的一个方向是，近年来一方面为了分散京沪等一线城市过于集中的功能，同时也为了扶持有发展潜力的二线城市，促进中国区域经济均衡协调发展，一些国际大型会议被安排在杭州、青岛、武汉、成都、西安、郑州、大连、重庆等二线城市。内蒙古与北京距离较近，近些年发展较快，是中蒙俄经济走廊核心，要积极关注这方面的变化，做好准备，如果能有机会承办大型国际会议，将会开辟内蒙古国际交往的新篇章。

四、扩展友城规模，扩大交往"朋友圈"

截止到 2019 年 6 月，内蒙古与蒙古国 20 个地区、俄罗斯 10 个地区分别建立了友好城市关系①。这个数字不仅与国内核心城市有差距，与同处边疆的乌鲁木齐、南宁也存在差距，内蒙古的对外开放度还有待进一步提高。

内蒙古可以借鉴乌鲁木齐友城交往的经验。在 2013 年之前，乌鲁木齐市的

---

① 第三届中国—蒙古国博览会新闻发布会［EB/OL］．内蒙古自治区人民政府网，http：//www.nmg.gov.cn/art/2019/6/4/art_ 1972_ 266655.html，2019-06-04.

友好城市数量只有 8 对。"一带一路"建设启动后，乌鲁木齐在国际友好城市建设方面增长迅速，交往范围从中亚国家延伸至土耳其、中东欧等地，为乌鲁木齐城市外交创造了一个大有可为的发展空间。

内蒙古应紧紧抓住"一带一路"机遇期，利用国际会展交流、会议举办的平台，同步拓展友城"朋友圈"。具体来讲，作为政治、经济、文化中心的首府呼和浩特，要积极谋划，扩大和深化与友好城市的交往范围及领域。目前，呼和浩特建立的友好城市仅有 5 对[①]，与区域交往中心的差距甚大，对比之下，南宁与 20 个国家的 21 个城市建立了友好关系，并与近 40 个国际城市开展了友好交往。呼和浩特如果要建成"呼和浩特渠道"，必须扩大交往范围，实施友好城市战略，以呼和浩特为中心，以点带面，东、中、西各个对外交往的节点城市都逐步扩大友好城市规模，最终实现内蒙古全域的国际交往格局。

同时，加强友城调研工作，合理规划友城结交与发展对象，在友城交往中推动城市外交、市民外交，推动外事部门与相关涉外部门的合作协调，管理与服务并重，实现友城工作的持续良好发展。

五、提升传播能力，展示交往形象

提起内蒙古，人们立刻联想到的就是蓝天、白云、蒙古包，改革开放 40 多年来，内蒙古已经发生了巨大的变化，一个兼具传统与现代的内蒙古正在积极参与国际交往。如何让外界更好地了解内蒙古，促进内蒙古的对外交往，提升传播能力至关重要。

创新传播产品，注入感召力。创新外宣内容，深入挖掘万里茶道、中蒙俄经济走廊核心、草原文化等内容，以讲好内蒙古故事为引领，突出展示内蒙古改革开放以来的发展成就，展现内蒙古各族人民勇于改革创新的精神面貌。灵活运用传播渠道，扩大影响力。发挥中央媒体在内容生产、舆论引导和集成传播方面所

---

① 　内蒙古外事办网，http://www.nmgfao.gov.cn/.

具有的优势，深化与《人民日报》、新华社等中央媒体的合作。精准对接传播受众，增进亲和力。充分调动内蒙古广大群众参与内蒙古形象传播的积极性，发挥内蒙古籍华侨的资源优势，共同宣传内蒙古，增强内蒙古的国际影响力。发挥商会、跨国组织、跨国公司的作用，多方面搭建平台。宣传内蒙古优势产品，提升内蒙古产品竞争力，在国际交往中多渠道沟通，深化国际交往枢纽外延，适时打造一些国际合作为背景的跨国产品。建立高校联盟，在教育、文化领域充分交流，在留学生、学者互访、联合培养、国际课题等方面加大合作，以文化促发展、以教育增了解。

参考文献

［1］白宝光，胡丽娜，薛阳．内蒙古科技创新政策实施效果评估实证分析［J］．科学管理研究，2017，35（5）：67-70，79.

［2］保建云．论全球治理体系变革的中国方案：来自中国改革开放的贡献［J］．国家治理，2018（47）：37-44.

［3］蔡常青，张永军．中国改革开放全景录（内蒙古卷）［M］．呼和浩特：内蒙古人民出版社，2018：305-343.

［4］陈利君．以制度创新为引领打造高水平的开放型经济［J］．社会主义论坛，2021（6）：4-6.

［5］陈闻君，张帅．边境口岸对沿边口岸城市发展影响的实证研究——以新疆与中亚边境口岸为例［J］．新疆财经，2018（2）：72-80.

［6］陈兴国．加快构建通道经济服务区［J］．经济研究导刊，2019（14）：49-50.

［7］楚新元，卢爱珍，崔巍平．新疆高质量发展口岸经济带的现实基础与思路［J］．新疆社科论坛，2021（1）：71-77.

［8］丛晓男．西部陆海新通道经济影响及其区域协作机制［J］．中国软科学，2021（2）：65-78.

［9］党永锋．"丝绸之路经济带"与西部落后地区的可融路径探析［J］．生产力研究，2015（12）：62-65.

［10］冯一帆，张青青．"一带一路"六大经济走廊贸易便利化测评报告（2013~2018）［J］．人民论坛·学术前沿，2019（19）：64-91.

［11］高新才．丝绸之路经济带与通道经济发展［J］．中国流通经济，2014，28（4）：92-96.

［12］高新才，张馨之．论中国西北城市经济带的构建［J］．兰州大学学报（社会科学版），2002（4）：1-18.

［13］郭启光，海琴，李冰晶．内蒙古提升科技创新能力研究［J］．理论研究，2021（3）：76-80.

［14］杭栓柱，朱晓俊，邢智仓．内蒙古参与中蒙俄经济走廊建设的战略构想［J］．内蒙古师范大学学报（哲学社会科学版），2016，45（5）：30-33.

［15］胡丽娜，薛阳．财政分权对区域创新活跃度激励效应及传导机制研究［J］．经济经纬，2021，38（2）：14-22.

［16］胡益华，朱晓俊，邢智仓．内蒙古要在中蒙俄经济走廊建设中发挥积极作用［J］．北方经济，2017（10）：30-32.

［17］黄云．跨国运输通道是民族经济外向扩展之道［J］．云南民族大学学报（哲学社会科学版），2011（1）：87-91.

［18］姜宝林．构建良好创新生态实现科技自立自强［J］．北方经济，2021（4）：23-25.

［19］焦俊．基于知识共享的中小企业开放性创新研究［J］．商业经济，2017（3）：72-73，83.

［20］巨力．坚定不移走中国特色社会主义对外开放之路［N］．求是，2019-02-18（005）．

［21］蓝思科技：中国高端制造的标杆企业创新技术领跑行业［EB/OL］．

每日经济新闻, 2019-09-26.

[22] 李晨阳, 孟姿君, 罗圣荣. "一带一路"框架下的口缅经济走廊建设: 主要内容、面临挑战与推进路径 [J]. 南亚研究, 2019 (4): 112-133, 157-158.

[23] 李健. "一带一路"倡议与中国城市群战略协同发展——通道经济视角的分析 [J]. 上海城市管理, 2019, 28 (5): 4-10.

[24] 李牧原, 郝攀峰, 许伟. 试看"南向通道"的战略布局 (一) [J]. 中国远洋海运, 2018 (6): 46-49.

[25] 李晓丽. 宁夏内陆开放型经济试验区可持续发展对策研究 [D]. 宁夏大学硕士学位论文, 2016.

[26] 李雪梅, 闫海龙. "一带一路"倡议下新疆口岸经济带发展问题及对策建议 [J]. 对外经贸实务, 2020 (4): 18-21.

[27] 梁丹. 政府支持双创基地建设开放型创新平台的理论与实践探索 [J]. 学习论坛, 2017, 33 (10): 39-43.

[28] 梁双陆, 梁巧玲. "一带一路"新常态下如何加快孟中印缅经济走廊建设——基于产业国际分工与布局的研究 [J]. 天府新论, 2015 (5): 145-149.

[29] 凌力. 贫困地区旅游扶贫精准帮扶措施探讨——以陕西省太白县、周至县为例 [J]. 教学考试, 2017 (20): 5-7.

[30] 刘建伟, 张思锋, 禹海霞. 马克思恩格斯经济全球化思想述要 [J]. 上海市经济管理干部学院学报, 2005 (1): 34-37.

[31] 刘明, 张青青. G20 国家全球治理参与能力测评报告 (2019) [J]. 国家治理, 2019 (25): 3-15.

[32] 刘志慧. 区域合作视角下宜宾市发展通道经济探析 [J]. 中共郑州市委党校学报, 2019 (4): 27-31.

［33］陆大道.关于"点—轴"空间结构系统的形成机理分析［J］.地理科学，2002（1）：1-6.

［34］陆大道.国土开发与经济布局的"T"字型构架与长江经济带可持续发展［J］.宏观经济管理，2018（11）：43-47+55.

［35］莫晨宇.广西发展通道经济的研究［J］.东南亚纵横，2007（9）：44-47.

［36］潘敬萍.习近平科技创新重要论述研究［D］.武汉大学硕士学位论文，2019.

［37］潘奇杰.中国同独联体国家自贸区建设的经济效应分析［D］.浙江工商大学硕士学位论文，2017.

［38］潘志刚.推动新疆通道经济高质量发展［J］.中国外资，2020（13）：60-61.

［39］权衡.经济全球化的内在规律和发展方向［N］.学习时报，2018-11-30（002）.

［40］阮鹏飞.雅戈尔全球价值链整合战略及其优化［J］.中国集体经济，2012（15）：24-27.

［41］施国健.开放型经济下的企业创新发展论述［J］.产业创新研究，2020（3）：76-78.

［42］施建军，夏传信，赵青霞，卢林.中国开放型经济面临的挑战与创新［J］.管理世界，2018，34（12）：13-18，193.

［43］孙寅生.习近平总书记关于人才工作重要论述的理论逻辑、历史逻辑和实践逻辑［J］.中国人才（上半月），2018（8）.

［44］唐红丽.从愿景到实践："一带一路"五年建设成绩亮眼［EB/OL］.中国社会科学网，2018-08-28.

［45］佟景洋."中蒙俄经济走廊"视域下中俄经贸的新发展［J］.生产力

研究，2018（6）：9-14，29.

［46］王瑛．发展道道经济的理论探讨［J］．改革与战略，2004（10）：45-47.

［47］王玉刚．创新发展丝绸之路经济带战略的几点思考［J］．新疆社科论坛，2016（4）：53-56.

［48］魏达志．重构"开放型经济"政策体系的探索与思考——实现"外向型"向"开放型"经济质的飞跃与模式创新［J］．深圳社会科学，2018（1）：37-42，156.

［49］吴欣．技术发展的哲学思考及当代意义［J］．经济研究导刊，2019（36）：185-186，197.

［50］邢智仓，朱晓俊．内蒙古经济体制改革40年的经验、启示［J］．北方经济，2018（9）：28-31.

［51］徐保军．市场经济与中国特色社会主义制度形成的逻辑关联［J］．邵阳学院学报（社会科学版），2014，13（3）：48-53.

［52］许晔晖，李百岁．内蒙古科技创新与经济发展耦合协调性研究［J］．资源开发与市场，2020，36（11）：1246-1251.

［53］薛阳，胡丽娜．制度环境、政府补助和制造业企业创新积极性：激励效应与异质性分析［J］．经济经纬，2020，37（6）：88-96.

［54］薛阳，胡丽娜，冯银虎．区域科技创新"供给—产出—环境"基本面三维耦合协调时空演化研究［J］．数学的实践与认识，2019，49（6）：23-29.

［55］杨磊，刘海兵．创新情境视角下的开放式创新路径演化［J/OL］．科研管理．http：//kns.cnki.net/kcms/detail/11.1567.G3.20210914.1327.003.html.

［56］余川江，龚勤林，李宗忠，谭英，张丽娜．开放型通道经济发展模式视角下"西部陆海新通道"发展路径研究——基于国内省域分析和国际竞争互补关系分析［J/OL］．重庆大学学报（社会科学版）．http：//kns.cnki.net/kcms/detail/50. 1023. c. 20210407. 0943. 002. html.

[57] 袁井香，曾艳红，赵明．内蒙古泛口岸经济发展掣肘与路径选择 [J]．北方经济，2020（12）：58-60.

[58] 张鑫，朱春燕．中新经济走廊南崇经济带产业集聚与空间结构优化研究 [J]．郑州航空工业管理学院学报，2017，35（1）：9-16.

[59] 张宇燕．中国对外开放的理论逻辑 [N]．中国社会科学报，2018-11-30（5）.

[60] 张宇燕，徐秀军．坚持对外开放推动经济高质量发展 [N]．光明日报，2019-01-29（11）.

[61] 张媛媛．科技创新第一动力论的整体性审视 [J]．经济问题，2020 (7)：19-26.

[62] 赵光辉，谢柱军，任书玉．西部陆海新通道枢纽经济效益分析 [J]．东南亚纵横，2020（2）：94-102.

[63] 钟明容，刘忠萍．西部陆海新通道高水平、高质量发展研究文献综述 [J]．物流科技，2019，42（8）：119-121，127.

[64] 周茂权．点—轴开放理论的渊源与发展 [J]．经济地理，1992（2）：49-52.

[65] 周世军．创新"跨境贸易+"模式发展沿边向海开放型经济 [J]．中国党政干部论坛，2018（10）：85-86.

[66] 周志莹．开放型经济高质量发展指标测度及跨区域比较——以南京等八城市为例 [J/OL]．江苏大学学报（社会科学版）.https：//doi. org/10. 13317/j. cnki. jdskxb，2021. 57.

[67] 朱晓俊，邢智仓．内蒙古参与中蒙俄经济走廊建设中的定位与路径 [J]．北方经济，2016（9）：25-27.

[68] 朱晓俊，邢智仓．内蒙古融入国内经济循环的突破口 [J]．实践（思

想理论版），2020（10）：20-21.

[69] 朱晓俊，邢智仓. 资源型地区高质量发展面临的问题及需要处理好的基本关系 [J]. 学术交流，2019（12）：119-128.

[70] 朱晓俊，邢智仓，王瑞鑫. 内蒙古实施创新发展的基本途径 [J]. 北方经济，2016（5）：15-17.

[71] 朱晓俊，赵栩，邢智仓. 我国科技成果转化水平的省际比较研究 [J]. 科学管理研究，2018，36（4）：21-24.

后　记

　　党的十九届五中全会明确提出，加快构建以国内大循环为主体、国内国际双循环相互促进的新发展格局。把握新发展阶段，贯彻新发展理念，融入新发展格局，已经成为内蒙古现代化建设面临的重大时代课题。习近平总书记指出，"对外开放是基本国策，我们要全面提高对外开放水平，建设更高水平开放型经济新体制，形成国际合作和竞争新优势"。研究阐释好习近平开放发展理念，加强习近平新时代中国特色社会主义思想研究，推动习近平总书记对内蒙古重要讲话重要指示批示精神落地生根，是内蒙古社科界面临的重大理论和实践问题。为此，内蒙古"草原英才"创新团队——中蒙俄经济走廊建设及"一带一路"建设的策略和重点项目研究团队集合相关力量，研究提出了《全面开放——内蒙古调整转型关键期的战略选择》的研究报告，并在研究报告的基础上进行提炼总结形成本书。本书旨在将全面开放置于内蒙古调整转型的全过程、多领域，"跳出开放看开放"，充分释放内蒙古建设"我国向北开放桥头堡"的带动辐射效应，力争通过全面开放推动解决内蒙古区域协调发展、产业调整转型、创新能力提升、文化建设升级等方面面临的问题，实现以开放促进内蒙古高质量发展的目的。

　　本书主要包括三大板块：第一板块为背景形势分析，即第一章，从理论和实践层面分析了我国及内蒙古全面开放面临的形势；第二板块为第二章，分四个阶段阐述了内蒙古全面开放的基本思路；第三板块为第三章至第九章，提出了内蒙古全面开放要重点做好的七个方面重点任务。当然，全面开放是一个系统工程，本书的研究范围是其中的一部分，我们还将对内蒙古全面开放进行深化研究。

参与本书研究和撰写的有内蒙古社科联、内蒙古党校、内蒙古财经大学、内蒙古工业大学、内蒙古发展研究中心、乌兰察布社科联、中国宏观经济研究院、二连浩特城市管理局等单位的研究人员。本书由内蒙古自治区社科联副主席朱晓俊研究员提出总体方案、设计研究提纲，邢智仓、薛阳、陈小明、赵栩、冯玉龙、王宇洁、张春环、丁家鹏等承担初稿撰稿任务，朱晓俊、邢智仓、王宇洁对书稿进行了数次系统修改、完善和补充。此外，内蒙古发展研究中心赵秀清提供了相关素材。

课题研究和本书出版得到了内蒙古"草原英才"工程的资助。本书出版过程中，经济管理出版社给予了大力支持，在此表示衷心感谢。

在研究过程中，课题组参考了学术界已有的研究成果，并尽量将相关内容以参考文献的形式予以标注，在此对原创作者付出的艰辛劳动表示衷心感谢。